湖南社会科学普及
Hunan Federation of Social Sciences

湖南省社会科学普及读物出版资助项目

应对恶劣气候　倡导低碳生活

柳树林　柳　刚　李博文　编著

湘潭大学出版社
XIANGTAN UNIVERSITY PRESS

前 言

自人类社会进入工业时代以来，由于大量燃烧煤炭和石油，以二氧化碳为主的温室气体过度排放，形成温室效应，使全球变暖，导致气候日益恶劣，严重威胁人类生命、财产安全。人们还发现，大量排放到大气中的有毒有害细颗粒物PM2.5，在一定的气候条件下会形成雾霾。雾霾被人吸入后会诱发多种疾病，严重威胁人们的健康。同时大量排放到大气中的酸性气体，在一定气候条件下形成酸雨，严重危害人们的生产与生活。因此，我们应坚决响应党中央、国务院节能减排和习近平总书记“要大力倡导绿色低碳的生产生活方式”的伟大号召，早日实现习近平主席在联大提出的“双碳”目标的伟大承诺，积极践行低碳生活。低碳生活是以低能耗、低排放、低污染为基础的生活方式，是节能、减排、降霾、防酸雨的具体行动。低碳生活实际上并不是降低生活质量，而是从点滴小事做起，从现在做起，从我做起。如出门前几分钟关闭空调、选用节能家电、少买不必要的衣服、减少食物浪费、选择绿色出行等。

简单易行的行动，却蕴藏着惊人的节约能源和巨大的减排降霾少酸雨的潜力，既是健康、高尚、优质的生活方式，又是为个人、家庭、社会、国家和子孙后代造福。

编 者

2021年12月

目　录

应对恶劣气候

第一章　恶劣气候的根源 …… 3

第一节　二氧化碳过度排放，地球升温 …… 3
第二节　地球升温（温室效应），气候恶劣 …… 6
第三节　废气过度排放，产生雾霾天气 …… 11
第四节　酸性气体过度排放，产生酸雨 …… 14

第二章　恶劣气候的应对 …… 15

第一节　联合国应对恶劣气候 …… 15
第二节　中国“双碳”承诺，意义重大 …… 18
第三节　中国带头降低温室效应 …… 19
第四节　中国严防雾霾和酸雨天气 …… 21
第五节　中国节能减排任务紧迫 …… 22

第三章　低碳生活改善恶劣气候 …… 26

第一节　低碳生活是优质生活方式 …… 26
第二节　低碳生活发展低碳经济 …… 27
第三节　低碳生活应对恶劣气候 …… 30

倡导低碳生活

第四章　低碳穿洗 …… 35

第一节　低碳选穿衣服 …… 36
第二节　低碳选用洗衣机 …… 38

第五章　低碳饮食 …… 45

第一节　提倡低碳饮食习惯 …… 46
第二节　低碳选用冰箱 …… 49
第三节　低碳选用微波炉 …… 58
第四节　低碳选用电磁炉 …… 62
第五节　低碳选用其他电器 …… 64

第六章　低碳居住 …… 70

第一节　低碳用电 …… 70
第二节　低碳用水 …… 103
第三节　低碳用气 …… 111
第四节　低碳装修 …… 116

第七章　低碳出行 …… 126

第一节　绿色出行 …… 126
第二节　低碳操作燃油小汽车 …… 128
第三节　低碳操作电动小汽车 …… 141

第八章　低碳常识 …… 142

第一节　少用或不用一次性用品 …… 142
第二节　废旧物利用 …… 144
第三节　易做到的几个低碳事 …… 145
第四节　碳补偿（植树造林） …… 146

编后语 …… 148

参考文献 …… 149

应对恶劣气候

第一章　恶劣气候的根源

随着工业生产的发展，人类面临着越来越多的气候和环境问题，目前，地球上人类面临的十大危害主要是：全球气候变暖，臭氧层破坏，生物多样性减少，酸雨蔓延，森林锐减，土地荒漠化，资源短缺，固体废弃物成灾，大气污染，水环境污染严重等，这些环境问题日益凸现，危害着我们生存的这个地球的安全。

第一节　二氧化碳过度排放，地球升温

地球面临的这十大危害中，最主要的危害是全球气候变暖，其根源是人类过度燃烧化石能源（如煤炭、石油），因而向大气过度排放二氧化碳等温室气体而使全球气候变暖所致。

一、二氧化碳的特性与产生（化学名 CO_2）

1．二氧化碳的特性

（1）二氧化碳又称碳酸气或碳酸酐，化学式 CO_2，由两个氧原子与一个碳原子通过共价键连接而成。

（2）二氧化碳是一种无色无臭无毒的气体，密度比空气重，能溶于水，并形成碳酸。

（3）二氧化碳的化学性质稳定，没有可燃性，它虽无毒，但在空气中

含量过高时，也会使人因缺氧而发生窒息。

（4）二氧化碳是植物光合作用的主要碳源。

2. 二氧化碳的产生

（1）有机物（包括动植物）在分解、发酵、腐烂、变质的过程中都会释放 CO_2。

（2）石油、煤炭、天然气在燃烧过程中都会产生 CO_2。

（3）石油、煤炭在生产化工产品过程中也会产生 CO_2。

（4）粪便、腐化植物在发酵、熟化的过程中也会释放 CO_2。

（5）动物在呼吸过程中也要吸入氧气呼出 CO_2。

（6）绿色植物进行光合作用时会吸收 CO_2，释放氧气，在不进行光合作用时，会吸收氧气放出 CO_2。CO_2 在自然生态平衡中无声无息地循环。

二、CO_2 过度排放，地球升温

1. 地球升温（变暖）的事实

地球变暖是温室气体过度排放所致，全球正在经历以气候变暖为突出标志的气候变化，其中 20 世纪 80 年代以来的变暖过程尤为显著。近百年来（1906—2005 年），全球地表平均气温升高了 0.64 ℃，而近 50 年（1956—2005 年）的升温速率（每 10 年升高 0.13 ℃）几乎是近 100 年（1906—2005 年）的两倍。按这个速度到 21 世纪中叶全球将升高 1.5 ℃～4.5 ℃。近 100 年来，我国经历了与全球一致的变暖过程，而且变暖幅度更大。1908—2007 年，我国地表平均气温升高了 1.1 ℃，高于全球平均升温幅度。2020 年全球平均地表温度已经比工业革命前升温超过了 1.2 ℃，但对居住在地球上不同地区的人们感受到的并不是均匀上升了 1.2 ℃，而是有的地区已上升了 2 ℃以上，有的地区可能还不到 1.2 ℃，2020 年是有记录以来世界第三热年份。由于气候变暖引起的全球恶劣气候，将令人类面临生存威胁。

2. 地球升温（变暖）的原因

地球变暖是因为温室气体过度排放所致，温室气体是指大气中能够吸收和重新释放出红外辐射的自然的、人为的气态成分。大气中的温室气体有十种之多，包括水汽、二氧化碳（CO_2）、甲烷（CH_4）、氧化亚氮（N_2O）、臭氧（O_3）、氟利昂或氯氟烃类化合物（CFCs）、氢代氯氟烃类化合物（HCFCs）、氢氟烃（HFCs）、全氟化碳（PFCs）、六氟化硫（SF_6）

等。1997 年 12 月，在日本京都召开的“联合国气候变化框架公约”缔约方第三次会议上通过的《京都议定书》中规定减排的温室气体主要是其中的六种，即 CO_2、CH_4、N_2O、HFCs、PFCs、SF_6。而其中 CO_2 为温室气体主体。

长期以来，CO_2 在空气中的体积比例是 0.028%，但由于近代人类活动（如化石燃料燃烧）的影响，二氧化碳在空气中的含量猛增。据统计，2000—2009 年每年增加 0.022%的 CO_2。CO_2 的浓度是造成 CO_2 雾幔的主要因素，它对太阳热辐射波的吸收率较大，所以 CO_2 雾幔温度会越来越高。

温室效应是指大气能使太阳的短波辐射到达地面，但地表向外放出的长波辐射却被大气吸收，这样就使地表与低层大气温度增高，因其作用类似于栽培农作物的温室，故名温室效应。大气温室效应的强弱与温室气体的浓度有关。

1820 年之前，没有人问过地球是如何获取热量的这一问题，也就是地球为什么会保温？正是在那一年，让·巴普蒂斯特·约瑟夫·傅立叶（法国数学家）将大部分时间用于对热传递的研究，他得出的结论是：尽管地球确实将大量的热量反射回太空，但大气层还是拦下了其中的一部分，并将其重新反射回地球表面。他将此比作一个巨大的钟形容器，顶端由云和气体构成，能够保留足够的热量，使得生命的存在成为可能。

温室气体的排放是否会导致全球变暖？人类排放的温室气体是最重要的因素吗？全球变暖是不是地球自然的状态？是太阳黑子的影响，或是地球正进入温暖期？一段时间以来，人们对这一系列问题都存在着争议，但现在大家已形成共识。人类温室气体的排放会导致温室效应增强，温室效应会促使全球变暖。

如果没有温室效应，地球表面就会寒冷无比，温度就会降到－20 ℃左右，海洋就会结冰，我们也将无法生存。但如果排放的温室气体过多，远远超过海洋和森林的吸收能力，就会导致全球变暖。我们把那些会促使温室效应增强的气体称为温室气体，其中二氧化碳在温室气体中含量较多，所占比例也最大，约为 55%。因此，我们常常把二氧化碳作为温室气体的代名词。

科学家普遍认为，温室气体大幅增加的主要原因是人们焚烧了大量的化石矿物、砍伐森林等，产生了巨量的二氧化碳进入了地球的大气层。我们要发展低碳经济，就是要减少二氧化碳等温室气体的排放，保护海洋和森林，节能减排，开拓新能源。我们还要大力倡导低碳生活节能减排，并能促进低碳经济发展，降低温室效应。

第二节 地球升温（温室效应），气候恶劣

一、世界气象组织发布《2019 年全球气候状况声明》

《2019 年全球气候状况声明》指出：2019 年是有仪器记录以来温度第二高的年份，2019 年结束时，全球平均气温比工业化前高出 1.1 ℃。温室效应将造成以下恶劣气候并对人类造成严重危害。

该声明强调了气候变化呈现的明显自然迹象，例如陆地和海洋热量的增加、海平面上升加速和积冰融化等，记录了天气和气候事件对社会经济发展、人类健康、人口迁徙和流离失所、粮食安全以及陆地和海洋生态系统的影响（图 1.1）。

图 1.1　冰层融化

1. 温室气体浓度持续升高

该声明指出，2018 年温室气体浓度创新高，二氧化碳的浓度为百万分之 407.8±0.1，甲烷为十亿分之 1 869±2，氧化亚氮为十亿分之 331.1±0.1。数据表明，2019 年温室气体浓度持续增加。使用 2019 年前三季度的数据对全球化石燃料产生的二氧化碳排放量的初步预估表明，2019 年的排

放量将增长 0.6%（范围在−0.2%至 1.5%）。

2. 海洋生态系统遭到破坏

由于温室气体浓度增加，气候系统中积聚的多余能量中有 90%以上进入海洋。2019 年，进入两千米深度的海洋热含量超过了 2018 年创下的历史纪录最高值。2019 年，海洋经历了接近两个月的异常高温，至少有 84%的海洋经历了一次海洋热浪。

海洋变暖对气候系统产生了广泛的影响，并通过海水的热膨胀造成超过 30%的海平面上升。海洋变暖正在改变洋流，间接改变风暴路径并造成漂浮冰架融化。加上海洋酸化和脱氧，海洋变暖会导致海洋生态系统发生巨大变化（图 1.2）。

图 1.2 海水上升淹没岛屿

在 2009 年至 2018 年这十年间，海洋吸收了二氧化碳年排放量的 23%，减轻了气候变化的影响，但海洋酸度增加了。pH 值的变化可降低某些海洋生物的钙化能力，从而影响海洋生物的生长和繁殖。

目前，海洋酸化、海水含氧量减少、海平面上升、冰川退缩，以及南北极海冰与格陵兰冰盖缩小，严重破坏了海洋和冰冻圈的生态系统。2019 年，全球海平面高度已达到有记录以来的最高值。

3. 热浪致千人非正常死亡

气候变暖造成的极端高温正在损害人类健康。2019 年，澳大利亚、印度、日本和欧洲均出现创纪录的高温。其中，热浪导致日本 100 多人死亡，1.8 万人住院治疗。2020 年 6 月到 9 月的热浪，导致法国 1 462 人非正常死亡，两万多人因与高温相关的疾病就诊。

气温升高还加剧了登革热病毒的传播。最近数十年来，全球登革热发病率急剧上升。

4. 25 年一遇的严重蝗灾威胁粮食安全

2019 年末的异常强降水是非洲之角地区发生大规模沙漠蝗灾的重要因素之一，这是当地 25 年来最严重以及肯尼亚 70 年来最严重的蝗灾，严重威胁全球粮食安全。

5. 近 2 200 万人成“气候难民”

2019 年上半年，袭击非洲东南部的热带气旋“伊代”、南亚气旋“法尼”和加勒比飓风“多里安”，以及发生在伊朗、菲律宾和埃塞俄比亚的洪水使 670 多万人因灾流离失所，全年的“气候难民”总人数接近 2 200万。

数据显示，2019 年全球热带气旋活动高于平均值，北半球共有 72 个热带气旋，南半球有 27 个。其中，非洲东海岸有史以来最强烈的气旋“伊代”导致马拉维、莫桑比克和津巴布韦近 78 万公顷农田颗粒无收，超过 18.1 万人无家可归。

亚洲的印度、尼泊尔、孟加拉国和缅甸共有 2 200 多人在季风期的各类洪灾中丧生，而美国 2019 年因洪水造成的经济损失达 200 亿美元。

6. 干旱导致多地出现火灾

澳大利亚在岁末年初遭遇极端高温，并在 2018 年 12 月 18 日创下 41.9 ℃的气温纪录。此外，该国的火灾季也异常持久且严重，多次发生重大火情，截至 2020 年初，已导致 33 人死亡，2 000 多处房屋受损，新南威尔士和维多利亚两个州的过火面积总计达 700 万公顷。

此外，西伯利亚和阿拉斯加等高纬度地区也发生了远甚于往年的火灾，甚至连北极也“着了火”，这在以往极为罕见。亚洲的印度尼西亚，南美洲的亚马孙热带雨林地区的火灾数量也高于近十年的平均值。

7. 高影响事件

（1）洪水。

2018 年 7 月至 2019 年 6 月，美国本土 12 个月的平均降雨量（962 mm）为有记录以来最高。

2019 年 1 月，极潮湿条件影响了南美洲部分地区。阿根廷北部、乌拉圭和巴西南部发生大洪水，阿根廷和乌拉圭的损失达 25 亿美元。

伊朗在 2019 年 3 月末和 4 月初遭受严重洪灾。10 月和 11 月初，严重洪灾影响了非洲东部许多干旱地区。

（2）干旱。

受印度洋偶极子强烈正相位影响，干旱影响了东南亚及澳大利亚的许多地区，澳大利亚遇到有记录以来最干燥的年份（图 1.3）。

非洲南部、中美洲和南美洲部分地区的降水量异常低。

图 1.3 干旱

（3）热浪。

2019 年，澳大利亚出现了有记录以来 7 个温度最高的日子。

2019 年 6 月下旬和 7 月下旬，欧洲发生两次强热浪。法国创下了 46 ℃的国家纪录（比之前的纪录高 1.9 ℃），德国（42.6 ℃）、荷兰（40.7 ℃）、比利时（41.8 ℃）、卢森堡（40.8 ℃）和英国（38.7 ℃）也创下了国家纪录，高温还蔓延到北欧国家，赫尔辛基出现了有记录以来最高温度（7 月 28 日，33.2 ℃）。

（4）野火。

监测显示，2019 年全球每日野火二氧化碳排放总量总体紧随 2003 年至 2018 年的平均值，高于多年平均值的最大增幅出现在 7 月、8 月、9 月和 12 月底，分别对应北极、西伯利亚、印度尼西亚和澳大利亚的野火活动峰值。

（5）热带气旋。

2019 年 3 月 15 日，热带气旋“伊代”在莫桑比克登陆，是在非洲东海岸登陆的已知最强气旋之一，造成许多伤亡和大范围破坏。

2019 年度最强热带气旋之一是“多里安”，其以 5 级强度在巴哈马登陆。由于移动异常缓慢，因而加剧了破坏后果。2019 年 10 月 12 日，台风

“海贝思”在东京西部登陆，引发严重的洪水（图 1.4）。

图 1.4 台风

二、2021 年全球气候状况

2021 年 11 月 1 日，世界气象组织发布了关于“2021 年全球气候状况”的临时报告，2021 年，我们的气候变好了吗？

1. 2021 年全球平均气温继续升高

根据报告统计数据显示，2021 年全球平均气温（1 月至 9 月）比 1850 年至 1900 年高出约 1.09 ℃，目前被世界气象组织列为全球有记录以来第六个或第七个最温暖的年份。数据显示，2020 年全球温室气体浓度已达到新高，而这种增长在 2021 年仍在继续。

2. 海洋不断升温，已达新纪录

由于全球气候变暖，海洋首先面临严峻的升温问题，目前海洋上层 2 000 m深度水域温度已经达到新的纪录。同时，由于每年吸收约 23%人类排放的二氧化碳，海洋正因温室气体浓度的升高而不断酸化。这也导致海洋吸收二氧化碳的能力下降，使大气温室气体浓度的问题进一步恶化。

3. 海冰范围达历史低点，融化速度翻番

冰川和冰盖的损失也不容乐观。报告警告说，2021 年 7 月上半月，整个北极地区海冰范围已经达到历史最低点；北美冰川融化的速度在 2015 至 2019 年间几乎比 21 世纪初“翻了一番”。2013 年至 2021 年平均每年海平面上升 4.4 mm，速度是 1993 年至 2002 年期间的两倍。

4. 气候形势恶化，导致全球极端天气频发

2021 年以来，全球很多国家的人们，也在亲历着气候的恶化和不时造

访的极端天气。

2021年年初，暴雪低温天气影响全美，特别是西南部得克萨斯州受灾严重。造成多人死亡，百万家庭和商户停电。

2021年6月至7月，北美西部和地中海地区多地出现超过40 ℃的高温，部分地区最高气温超过50 ℃。极端高温在美国加州、土耳其和希腊等地引发了重大森林火灾。

3月，澳大利亚东部沿海持续降雨，新南威尔士州遭遇50年一遇洪灾。

7月，极端降雨也袭击了西欧多个国家，引发洪涝灾害，造成重大人员伤亡和财产损失。

5月，美国、巴西、巴拉圭、阿根廷等国都遭遇严重的干旱。

3月，蒙古国连续遭遇强沙尘暴和暴风雪，也影响到了中国北方多地。

三、2021年中国气候公报发布

2021年，中国气候暖湿特性明显，极端天气气候事件多发、强发、广发、并发，寒潮过程多，极端性强，影响范围广。2021年发生并影响我国的冷空气过程有29次，其中寒潮过程11次，较常年（5.2次）明显偏多，为1961年以来第二多，2021年气温创1951年来新高，较常年偏高1.0 ℃；降水量，华北地区为1961年来降水量最多，而华南降水量偏少，广东属于异常枯水年份，造成某些地方的海水倒灌，形成咸潮，使自来水变咸，水压变小，甚至停水，对居民生活和社会经济产生显著影响。在汛期，暴雨过程强大，如河南特大暴雨极端性显著。

第三节 废气过度排放，产生雾霾天气

一、雾霾产生的原因

1. 化石能源燃烧

煤炭、石油、天然气等的燃烧，汽车尾气的排放，在产生大量二氧化

碳的同时，也大量排放有毒有害悬浮颗粒散发在空气中，加上建筑施工的灰尘，在一定的气候条件下，就会形成雾霾。雾霾，是雾和霾的组合词。雾霾常见于城市。中国不少地区将雾并入霾一起作为灾害性天气现象进行预警预报，统称为“雾霾天气”。雾霾是特定气候条件与人类活动相互作用的结果。高密度人口的经济及社会活动必然会排放大量细颗粒（PM2.5），一旦排放超过大气循环能力和承载度，细颗粒物就会持续积聚，此时，如果受静稳天气等影响，极易出现大范围的雾霾（图 1.5）。

图 1.5　雾霾天气

2. 汽车尾气排放

随着经济发展，汽车不断增多，排放的尾气也在增多。汽车尾气不仅有来自汽油的废气，还有来自柴油的废气。柴油车排放的尾气中有 PM10 这个污染大气的“重犯”。现在，我国还有一些大型运输卡车等车型是使用柴油的。使用汽油的小型车虽然排放的是气态污染物，比如氮氧化物等，但如果碰上雾天，这些尾气也很容易转化为二次颗粒物，加重雾霾。

3. 建筑工地和道路造成的扬尘

一般建筑工地和道路都有可能产生扬尘现象。道路中间的花圃和街道马路边的泥土，在下雨或泼水后，如果形成泥浆流到路上，待干涸后，被经过车辆的车轮一碾就会造成大量扬尘，即使这些颗粒性物质落回地面，也会因汽车不断驶过而被再次甩到城市上空，所以，这也是一个不容小觑的现象。

4. 水平方向静风现象增多

城市里的大楼越建越高，阻挡和摩擦作用使风流经城区时明显减弱。

静风现象增多，不利于大气中悬浮微粒的扩散稀释，污染物容易在城区和近郊区周边积累。

5. 垂直方向上出现逆温

逆温层好比一个锅盖覆盖在城市上空，这种高空气温比低空气温更高的逆温现象，使得大气层低空的空气垂直运动受到限制，空气中的悬浮微粒难以向高空飘散而被阻滞在低空和近地面。

二、雾霾对人类的威胁

雾气看似温和，里面却含有各种对人体有害的细颗粒和有毒物质，包括酸、碱、盐、胺、酚，以及尘埃、花粉、螨虫、流感病毒、结核杆菌、肺炎球菌等，其含量是普通大气水滴的几十倍。与雾相比，霾对人的身体健康的危害更大。雾霾天气的元凶是细颗粒物 PM2.5，其粒径小于2.5 μm（一根头发丝的 1/2 粗），也叫入肺颗粒物，它含有大量的有毒物，是很多病毒和细菌的载体，可直接通过呼吸系统进入支气管，甚至肺部。所以，霾影响最大的就是人的呼吸系统，造成的疾病主要集中在呼吸道疾病、脑血管疾病、鼻腔炎症等病种上。人长期在 PM2.5 浓度高的环境中生活很容易产生肺癌，以至于有专家说肺癌头号元凶是吸烟的传统概念应让位于雾霾。同时，雾霾天气时，气压降低、空气中可吸入颗粒物骤增、空气流动性差，有害细菌和病毒向周围扩散的速度变慢，导致空气中病毒浓度增高，疾病传播的风险也会增高。

现代都市还存在光化学烟雾，这是由于工业废气和汽车尾气中夹带大量化学物质，如碳氢化合物、氢氧化物、一氧化碳等，它们与太阳光作用，会形成一种刺激性的烟雾，能引起眼病、头痛、呼吸困难等。

世界卫生组织发布的报告显示，无论是发达国家还是发展中国家，目前大多数城市和农村人口均受到细颗粒物对健康的影响。高污染城市中的死亡率超出相对清洁城市死亡率的 15%～20%，据统计，雾霾使欧盟国家人均期望寿命减少 8.6 个月。据美科学家研究，中国淮河以北预期人均期望寿命要减少 5.52 年。

第四节 酸性气体过度排放，产生酸雨

酸雨污染对森林、植物、土壤等损害严重。环保部 2014 年监测到 443 个城市中有 189 个城市出现酸雨，占我国国土面积的 12.2%。

一、酸雨产生的原因

人类大量燃烧煤炭放出的二氧化硫酸性气体以及汽车尾气排放出来的氮氧化物上升到空气中与水蒸气相遇形成硫酸和硝酸小滴，使雨水酸化。这时落到地面的雨水就成了酸雨。

二、酸雨造成的危害

酸雨是指大气降水中酸碱度（pH 值）低于 5.6 的雨雪或其他形式的降水，是大气污染的一种表现。酸雨对人类环境的影响是多方面的（图 1.6）。

（1）酸雨降落到河流湖泊中，会妨碍水中鱼虾的成长，以致鱼虾减少或绝迹。

（2）酸雨还导致土壤酸化，破坏土壤的营养，使土地贫瘠化，造成作物减产，危害森林生长。

（3）酸雨还腐蚀建筑材料和机电设施，并对人的健康造成伤害。

图 1.6 酸雨污染

第二章　恶劣气候的应对

第一节　联合国应对恶劣气候

气候恶劣直接威胁粮食安全、水质安全、设施安全、人身安全。全球气候变化深刻影响着人类的生存和发展，联合国针对全球气候日益恶劣的现况高度重视。联合国从1979年在瑞士日内瓦召开的第一次世界气候大会以来，直至现在，已召开了近40次关于制定实施“联合国气候变化框架公约”缔约方会议。

（1）1992年6月，联合国在巴西里约热内卢召开了联合国环境与发展大会，183个国家和70个国际组织代表参加，通过了《联合国气候变化框架公约》（以下简称《框架公约》），这是世界上第一个关于控制温室气体排放遏制全球变暖的国际公约，也是国际社会在对付全球气候变化问题上进行国际合作的一个基本框架。《框架公约》认为：“感到忧虑的是，人类活动已大幅增加大气中温室气体的浓度，这种增加增强了自然温室效应，平均而言将引起地球表面和大气进一步增温，并可能对自然生态系统和人类产生不利影响。”《框架公约》的最终目标是“将大气中温室气体的浓度稳定在防止气候系统受到危险的人为干扰的水平上”。

《框架公约》于1994年3月21日正式生效，截至2004年月，已拥有189个缔约方。《框架公约》的生效，奠定了应对气候变化国际合作的法律基础，是具有权威性、普遍性、全面性的国际框架。

《框架公约》将参加国分为 3 类：

一是工业化国家。这些国家要以 1990 年的排放量为基础进行削减，承担削减排放温室气体的义务。如果不能完成削减任务，可以从其他国家购买排放指标。

二是发达国家。这些国家不承担具体削减义务，但承担为发展中国家进行资金、技术援助的义务。

三是发展中国家。这些国家不承担削减义务，可以接受发达国家的资金、技术援助，但不得出卖排放指标。

《框架公约》的目标是减少温室气体排放，减少人为活动对气候系统的危害，减缓气候变化，增强生态系统对气候变化的适应性，确保粮食生产和经济可持续发展。这是世界上第一个关于控制温室气体排放、遏制全球变暖的国际公约。

（2）1997 年，在日本通过了《联合国气候变化框架公约京都议定书》（以下简称《京都议定书》），对减排温室气体的种类、主要发达国家的减排时间表和额度等作出了具体规定。这是国际上第一个有法定约束力的气候协议，意义重大。

中国于 1998 年 5 月签署并于 2002 年 8 月核准了该议定书。欧盟及其成员国于 2002 年 5 月 31 日正式批准了《京都议定书》。截至 2005 年 8 月 13 日，全球已有 142 个国家和地区签署该议定书，其中包括 30 个工业化国家，批准国家的人口数量占全世界总人口的 80%。

美国人口仅占全球人口的 3%～4%，而排放的二氧化碳却占全球排放量的 25%以上。美国曾于 1998 年签署了《京都议定书》，但 2001 年 3 月，布什政府以“减少温室气体排放将会影响美国经济发展”和“发展中国家也应该承担减排和限排温室气体的义务”为借口，宣布拒绝批准《京都议定书》。

2005 年 2 月 16 日，《京都议定书》正式生效，这是人类历史上首次以法规的形式限制温室气体排放。《京都议定书》建立了旨在减排温室气体的 3 个灵活合作机制，即国际排放贸易机制、联合履行机制和清洁发展机制。它规定在 2008—2012 年，发达国家的二氧化碳等 6 种温室气体的排放量将在 1990 年的基础上平均减少 5.2%。

(3) 2007 年 12 月 3 日—15 日在印尼巴厘岛，联合国气候变化大会通过了应对气候变化的“巴厘路线图”，为全球进一步迈向低碳经济起到了积极的作用。其总方向是强调加强国际长期合作提升履行气候公约的行动，从而在全球范围内减少温室气体排放，以实现气候公约制定的目标，为进一步落实《框架公约》设定了时间表。

(4) 在 2008 年 6 月的八国集团首脑会议上，遏制全球变暖成为各国领导人关心的最重要主题。温家宝总理曾说：“气候变化是当今全球面临的重大挑战。遏制气候变暖，拯救地球，是全人类共同的使命，每个国家和民族，每个企业和个人，都应当责无旁贷地行动起来。”联合国秘书长潘基文：“世界正处于重大灾难的边缘！时间不多了，希望你们做出明智的决定。全世界的科学家已经明确、一致地表达了他们的忧虑，我们期待着全世界的政策制定者们也能做出相应的行动。”他甚至警告说：“如果全球持续变暖，上海、纽约等沿海城市将被淹没。”

(5) 2009 年 12 月，召开了哥本哈根国际气候会议，有 1.5 万人出席，190 多个国家和地区的领导人参加，“被人们称为有史以来最重要的会议”“改变地球命运的会议”。大会的宗旨在于为我们生存的地球开出降温的“良方”，使低碳节能减排成为全球政府正确的共识。

(6) 2015 年 11 月，巴黎国际气候变化大会通过的《巴黎协定》是继《京都议定书》之后第二个有法定约束力的国际气候协定，它为 2020 年后全球应对气候变化行动作出了安排，目标是在 21 世纪末，将全球平均气温升幅较工业化前水平控制在 2 ℃以内，并为把升温控制在 1.5 ℃之内而努力，任务艰巨但意义重大，这种关系人类生存与发展的大事，依然成为发达国家控制、遏制发展中国家的一张王牌，面对人类共同的灾难，需要人类齐心协力，中国不仅带头提出了应对策略并严格实施，还提出了人类命运共同体理念，带领越来越多的国家和人民努力实现巴黎协定，为早日实现人类生存和发展的历史性伟大战略目标，贡献巨大。

(7) 从 2015 年后至现在，联合国年年都召开了“联合国气候变化框架公约”缔约方有关会议，对“巴黎协定”实施细则制定和实施进行谈判。虽然目前对全球气候变化问题有不同看法，但气候变化超出气候问题的范畴而成为全球性的政治问题已经成为国际社会的共识，更成为大国博弈的焦点，气候变化的问题从环境领域一直延伸到经济、政治、文化、科技和社会领域，维系着人类的兴衰，影响着各国的发展前景，因而各国已纷纷行动，截至2021年5月全球已有50多个国家公布了21世纪中叶实现碳中和，近100个国家正在研究各自的目标。

第二节　中国“双碳”承诺，意义重大

习近平主席在2020年9月22日第25届联合国大会上庄严宣布：“中国将提高国家自主贡献力度，采取更加有力的政策和措施，二氧化碳排放力争于2030年前达到峰值，努力争取2060年前实现碳中和。”

在由升转降的过程中，碳排放的最高点即碳峰值，大多数发达国家已经实现碳达峰；碳中和是指人为排放源与通过植树造林、碳捕集与封存技术等人为吸收汇集达到平衡（净零排放）。

中国作为世界上最大的发展中国家，正处于新兴工业化国家的碳排放还在增加之时，尚未达峰。中国碳排放全球第二，要在2030年前短短的几年内完成全球最高碳排放强度的降幅，且用全球历史上最短的时间实现从碳达峰到碳中和，远远短于发达国家所用时间，且全球碳排放排名前15位的国家中，美国、俄罗斯、日本、巴西、印度尼西亚、德国、加拿大、韩国、英国和法国已经实现碳排放达峰，进入碳排放下降通道，而中国要在2030年前实现碳达峰，2060年前实现碳中和，可见减排任务之艰巨、紧迫。但是以习近平同志为核心的党中央越是艰险越向前，因为气候变化是当今人类面临的全球重大挑战，为了积极应对气候变化，习近平主席提出“双碳”目标，一方面是我国实现可持续发展的内在要求，是加强生态文明建设，实现美丽中国目标的重要抓手，另一方面也是我国作为负责任大国履行国际责任，推动构建人类命运共同体的责任担当，为落实联合国大会通过的国际气候合作的重要法律基础的《巴黎协定》，推进全球气候治理进程，特别是疫情后绿色复苏注入了强大的政治推动力，发挥了全球“引领者”的作用，彰显了大国担当。

第三节 中国带头降低温室效应

我国制定了一系列政策法规，高度重视节能减排降低温室效应。

一、行政性政策阶段

20世纪70年代末至90年代初，国家在节能减排方面发布了一些行政性政策。1979年国家实施了《环境保护法》，为保证在社会主义现代化建设中合理利用自然环境，防治环境污染和生态破坏，创造清洁适宜的生活和劳动环境，保护人民健康，促进经济发展起到了重大的作用。1994年国务院第十六次常务会议审议通过了《中国21世纪议程》，把提高能源效率和节能作为实施可持续发展战略的关键措施，对具体落实中国环境保护基本国策，实现社会与经济的持续协调发展，具有重大的战略意义。

二、市场化政策阶段

20世纪90年代中后期至21世纪初，随着中国的经济体制逐步转向市场化，国家政策也进一步适应市场经济体制的要求，使市场逐步发挥对节能的主导作用。1997年11月通过的《中华人民共和国节约能源法》，为推动全社会节约能源，提高能源利用效率，保护和改善环境，促进经济社会全面协调可持续发展发挥了重要作用。

三、战略性政策阶段

(1) 进入21世纪，世界能源紧缺和环境污染进一步加剧，国家把节能减排政策放在更为重要的地位。国家“十一五”规划纲要明确提出：我国要实现单位GDP能耗5年内降低20%、主要污染物排放总量减少10%的战略目标。2007年4月，国家发改委发布了《能源发展“十一五”规划》。规划提出：到2010年，我国一次能源消费总量控制目标为27亿吨标准煤左右，年均增长4%。2008年7月，温家宝总理召开了国务院节能减排工作专题会议，强调一定要从全局和战略的高度，充分认识加强节能减排工作的极端重要性和紧迫性，切实把这方面工作做好。

（2）中国极为重视减排温室气体、改善恶劣气候这件关系人类命运的大事，早在2009年就制定和实施了《中国应对气候变化国家方案》。2009年，在哥本哈根国际气候变化大会上，温家宝总理宣布，中国的减排目标为2020年单位国内生产总值CO_2排放比2005年减少40%～45%。这充分体现了中国政府应对气候变化的重视和诚意，也起到了一个大国的表率。

（3）2015年11月29—30日，习近平主席出席了世界气候变化巴黎大会开幕活动，同150多个国家领导人一道，共商全球气候治理大计，并发表题为《携手构建合作共赢公平合理的气候变化治理机制》的重要讲话，阐述了中国对全球气候变化治理的看法和主张，得到了各国领导人和社会各界的高度赞誉。会上，中国积极促成大会通过《巴黎协定》，中国带头为降低温室效应做出了巨大贡献。

（4）习近平主席在2020年9月22日第75届联合国大会上庄严宣布：“中国将提高国家自主贡献力度，采取更加有力的政策和措施，二氧化碳排放力争于2030年前达到峰值，努力争取2060年前实现碳中和。”充分发挥了中国在全球“引领者”的作用和大国担当。

（5）各省、自治区、直辖市根据地区实际也出台了“应对气候变化的方案”。环保部门已试点开征碳税。湖南省带头继续走低碳发展道路，优先发展现代服务业，优化重工业结构，提高工业产品技术含量和附加值，呼吁全民开展节能减排行动，对完不成节能减排指标的地区和企业的负责人追究责任。湖南省还成立了碳交易所，按照谁污染谁治理、谁利用谁补偿的原则，对完不成年度考核指标的地方政府收取环境资源补偿资金。

（6）国家发改委2021年9月16日印发《完善能源消费强度和总量双控制度方案》，方案指出，坚决管控高耗能高排放项目，方案要求进一步完善节能法律法规，强化各类用能主体节能法定责任，健全节能标准体系，依法查处违法违规用能行为等严格措施。

联合国盛赞中国应对恶劣气候表率作用，2018年4月10日，联合国秘书长潘基文出席博鳌论坛：赞扬中国在“巴黎协定”签订前后所发挥的领导作用，赞扬中国应对气候变化方面所作的努力。2019年9月20日，联合国秘书长古特雷斯与国际媒体记者进餐时说：中国正在兑现在“巴黎协定”中所有承诺，国际社会应看到中国在气候行动方面的积极表现。

第四节　中国严防雾霾和酸雨天气

一、雾霾的严重危害，国家高度重视

雾霾的发生日益频繁，严重影响国民健康，引起了我国政府的高度重视。温家宝总理在《政府工作报告》中庄严宣布：“我们的奋斗目标是，让人民群众喝上干净的水，呼吸清新的空气，有更好的工作和生活环境。”李克强总理在2014年《政府工作报告》中提出号召：“我们要出重拳强化污染防治。以雾霾频发的大城市和区域为重点，以细颗粒物PM2.5和可吸入颗粒物PM10治理为突破口，抓住产业结构、能源效率、尾气排放和扬尘等关键环节，健全政府、企业、公众共同参与机制，实行区域联防联控，深入实施大气污染防治行动计划。我们要像对贫困一样，坚决向雾霾宣战。”

中国相继出台了《大气污染防治行动计划》和2016年6月1日开始实施史上最严的《大气污染防治法》。

各省份都根据自身情况分别制定了雾霾防治条例。虽然中国是发展中国家，是世界能源消耗仅次于美国的大国，也是二氧化碳和雾霾排放量最多的大国之一，但是，中国也是对人类安全负责任的国家，大国风范带头践行。所以中国高度重视治理雾霾。相信在一系列有力措施的治理下，中国的雾霾问题必将得到妥善解决。

二、酸雨的危害，国家高度重视

酸雨影响我国的国土面积大，对国民经济和人民生活危害也很严重，国家高度重视。《中华人民共和国大气污染防治法》明确要求控制致酸物质的排放，控制酸雨的危害。目前，我国在控制酸雨和致酸物质排放方面做了大量的工作，出台了一系列政策措施，使二氧化硫排放增长趋势有所减缓。酸雨问题是一个区域性的环境问题，超越了行政区的界限，需要在国家层面上采取统一的行动，国家已制定酸雨控制中长期规划。

1. 政府政策上

（1）推广原煤脱硫技术。

（2）优先使用低硫的原料，如低硫煤和天然气。

（3）改进煤燃烧后产生的烟气，进行烟气脱硫。

（4）开发新能源，如太阳能、风能、核能、可燃冰等。

2. 国民生活上

（1）支持公共交通，多搭乘公交，少开小汽车。

（2）自己有机动车的话，尽量使用无铅汽油。

（3）有条件尽量安装汽车尾气净化器及节能装置。

（4）优先购买绿色汽车。

第五节　中国节能减排任务紧迫

一、中国能源国情

1. 能源的定义及分类

我国的《能源百科全书》对“能源”的定义是：“能源是可以直接或经转换提供人类所需的光、热、动力等任一形式能量的载能体资源。”

能源按其产生的方式，可分为一次能源和二次能源。

一次能源是指可以从自然界直接获取的能源。其中煤炭、石油和天然气是千百万年前埋在地下的动植物经过漫长的地质年代形成的，又称为化石能源，它们是当今世界中一次能源的三大支柱，构成了全球能源家族结构的基本框架。一次能源还包括水能、太阳能、风能、地热能、海洋能、生物质能以及核能等。

二次能源是指无法从自然界直接获取，必须经过一次能源的消耗才能得到的能源。电能是最主要的二次能源。

2. 我国能源现状

我国能源储量具有“多煤、贫油、少气”的特点，2019 年我国能源消费结构是煤炭占 57.7%，清洁能源占 23.4%，石油占 18.9%。目前我国是世界第二大能源生产国和第二大能源消耗国（图 2.1）。

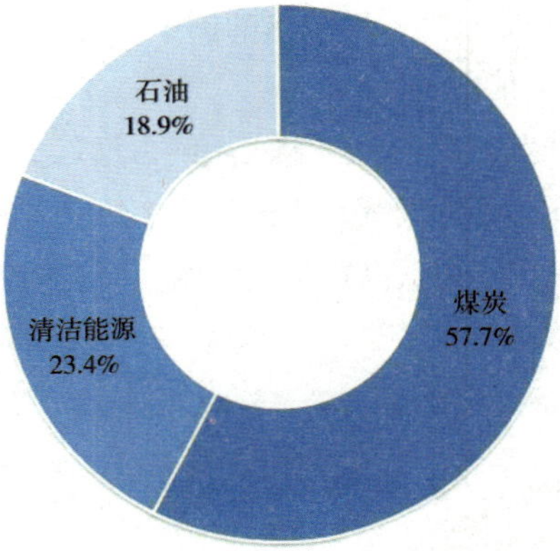

图 2.1　2019 年中国能源消费结构图

（1）我国是能源进口大国。

2018 年，我国能源进口量约为 9.7 亿吨标准煤，其中原油占 66%，天然气占 16%，煤炭占 18%。我国能源对外依存度提高至 21%，其中我国原油净进口量达 4.6 亿吨，同比增长 10%，原油对外依存度达 71%，天然气净进口量达 1 200 亿 m^3，同比增长 32%，对外依存度达 43%（图 2.2）。

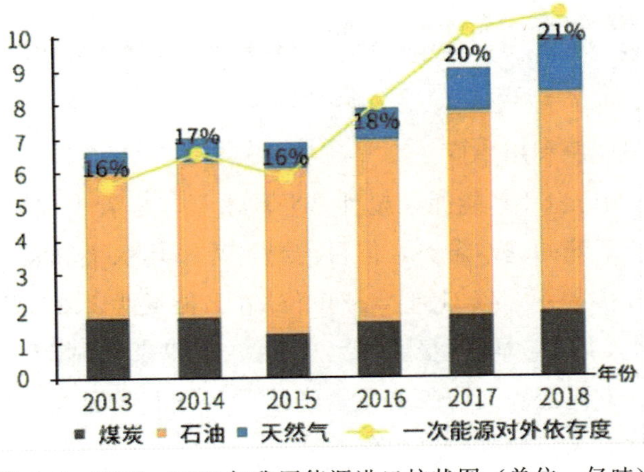

图 2.2　2013—2018 年我国能源进口柱状图（单位：亿吨）

（2）我国的水资源缺乏。

中国既是一个人口大国，也是一个贫水大国。中国的水资源说起来并不算少，总量约为 2.8 万亿 m^3，居世界第六位。但人口数量一除，就少得可怜了，人均占有量仅为 2 400 m^3，只相当于世界人均水平的 1/4，居世界第 109

位。从总体上看，中国是一个干旱缺水的国家，为世界 13 个贫水国之一。

（3）煤炭是第一大能源。

不论是能源生产还是能源消费，煤炭始终占据近 50%的比重，而煤炭燃烧时会比其他能源（石油、天然气等）要排放更多的 CO_2 和 PM2.5。由于能源结构不合理，我国存在一定的高碳高霾排放问题。而美国 2019 年一次能源消费主要是石油、天然气占总能耗 68.71%，而煤炭只占 11.30%（图 2.3）。

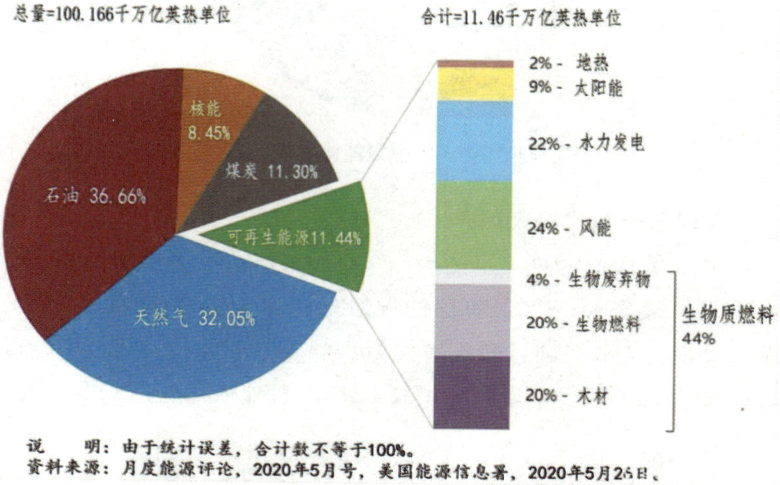

图 2.3　2019 年美国能源消费结构图

（4）中国能源利用率低。

长期以来中国 GDP 能耗远超世界平均水平，尽管中国单位 GDP 能耗一直呈现逐步下降的基本态势，但目前与世界平均水平和发达国家水平相比仍然存在较大差距。2021 年全球单位 GDP 能耗为 7.29 艾焦耳/万亿美元，美国为 4.04 艾焦耳/万亿美元，中国为 8.89 艾焦耳/万亿美元。这样大的差距，一方面使我国能源更显紧张；另一方面我国能源浪费大，造成 CO_2 和雾霾排放大，使气候恶化更严重。

（5）中国能源需求大。

中国经济发展要搞新型工业化、农业化、城镇化，需要更多能源。同时，我国要提高人民生活水平也需要更多能源，如 2011 年美国人均用电 13 227度，而中国人均用电量只有3 312度，仅为美国的 1/4。比美国生活水平低的英国，每个家庭有 40 多件家电产品，而我国多数家庭还只有 10

多件家电产品。

二、中国节能减排任务紧迫

我国不仅能源严重短缺，而且所消耗的能源绝大部分是不可再生能源（煤、石油、天然气）。不可再生能源的大量使用，将使我国在不久的将来面临能源枯竭问题。一次性资源是大自然经过亿万年形成的，珍贵而有限，为了子孙后代，我们必须低碳、节能、减排。

我国国民经济持续的发展和 14 亿多人民生活水平的提高，必须建立在更高的能源消耗的基础上，然而能源结构不合理和能源利用率低，导致的高碳、高霾排放和酸雨的泛滥，会对人民的健康产生巨大的负面影响。此外，进口能源虽然可满足一时之需，但过度进口能源必将危害国家安全。

大国表率，坚定兑现习近平主席在联合国的庄严承诺：“二氧化碳排放力争于 2030 年前达到峰值，努力争取 2060 年前实现碳中和。”

中国作为世界上最大的发展中国家，将完成全球最高碳排放强度的降幅，且用全球历史上最短的时间实现从碳达峰到碳中和。中国远远短于发达国家所用时间，而我国正处于新兴工业化国家的碳排放还在增加时，要在 2030 年碳达峰、2060 年碳中和，可见减排任务之艰巨、紧迫。所以，我国关于能源的战略方针是：“资源节约与开发并举，把节约放在首位，提高资源利用效率。”在尚未发现方便、廉价的新能源以前，低碳经济、低碳生活、节能减排是我们唯一可行的措施。我们每个人都是二氧化碳的产生者，也是受害者。对 14 亿公民而言，节能减排降霾不仅关乎法律规范，更关乎道德，所以贵在自觉。我们可以从我做起，从现在做起，从小事做起。正如联合国环境规划署执行主任阿西姆·施泰纳所说：“普通民众拥有改变未来的力量。”

为此，习近平主席指出：“实现碳达峰、碳中和是我们向世界的庄严承诺，也是一场广泛而深刻的经济社会变革。中国需要付出极其艰巨的努力，我们认为只要对全人类有益的事情，中国就应该义不容辞地做，并且做好。”“各级党委和政府要拿出抓铁有痕，踏石留印的劲头，明确时间表、路线图、施工图，推动经济社会发展建立在资源高效利用和绿色低碳发展的基础之上。”“要大力倡导绿色低碳的生产生活方式，从绿色发展中寻找发展的机遇和动力。中国为达成应对气候变化（巴黎协定）做出重要贡献。”

第三章　低碳生活改善恶劣气候

第一节　低碳生活是优质生活方式

一、什么是低碳生活

2009 年 12 月 7 日，在丹麦首都哥本哈根召开的联合国气候变化大会提出了“低碳”一词，并把这个概念传遍了世界每一个角落，以唤醒人们对当前气候的深刻反思。

低碳意指较低或更低的 CO_2 排放，低碳生活就是以低能耗、低排放、低污染为基础的生活方式，是节能减排降霾的具体行动。低碳是一种生活习惯，是一种自然而然地去节约身边各种资源的习惯，只要你愿意主动去约束自己，改善自己的生活习惯就可以加入进来。低碳生活是一种简单、简约和俭朴的生活方式，并不等于要降低生活品质，过苦日子，并不意味着刻意去节俭、刻意去放弃一些生活享受。只要能从生活点点滴滴中做到多节约不浪费，并不会降低你的生活质量。

二、低碳生活是优质的生活方式

由于低碳生活，节能减排了，环境改善了，气候改善了，人的健康也改善了，生活质量也提高了，所以说低碳生活是优质的生活方式。众人拾柴火焰高，中国 14 亿多人，世界 80 亿多人，人人都从现在做起，从小事做起，汇起一股节能低碳洪流，普通群众也能改善恶劣气候，所以低碳生活意义重大，即时尚又崇高，还是优质的生活方式。

第二节　低碳生活发展低碳经济

一、低碳经济依托低碳生活的节能减排

中国是世界上最大的发展中国家，比起发达国家还有很多差距，中国必须加大发展低碳经济才能尽快赶超发达国家，人民才能富裕幸福，国家才能安全稳定，对世界和平、繁荣才能更有引导促进作用。

所谓低碳经济，是指在可持续发展理念指导下，通过技术创新、制度创新、产业转型、减少温室气体排放，达到经济社会发展与生态环境保护双赢的一种经济发展形态。

低碳经济实质是高能源利用效率和清洁能源结构问题，核心是能源技术创新、为节能减排、发展循环经济、建设节约型社会的综合创新与实践。发展低碳经济，构建低碳城市不仅是政府、专家的事，也是每个公民应尽的责任。低碳经济不仅意味着制造业要加快淘汰高能耗、高污染的落后生产能力，推进节能减排的科技创新，而且意味着引导公众反思那些习以为常的消费模式和生活方式是浪费能源、增排污染的不良行为，从而充分发掘服务业和消费生活领域节能减排的巨大潜力。我们应当从自己做起，从每个细节做起。一直以来，人类对碳基能源的依赖，导致 CO_2 排放过度，带来温室效应，对全球环境、经济，乃至人类社会都产生巨大影响，严重危及人类生存，这比经济危机更为可怕。解决世界气候和环境问题，低碳化是一条根本途径，也是人类发展的必由之路。低碳化是一项系统工程，必须从经济和社会的整体出发，努力构建低碳化发展新体系，着重在六个方面实现“低碳化”。

1. 能源低碳化

能源低碳化就是要发展对环境、气候影响较小的低碳替代能源。低碳能源主要有两大类：一类是清洁能源，如核电、天然气等；一类是可再生

能源，如风能、太阳能、生物质能等。

2. 交通低碳化

当今交通领域的能源消费比30年前翻了一番，其排放的污染物和温室气体占到全社会排放总量的30%。面对不断恶化的气候和环境，交通运输领域必须转变发展方式，实施交通低碳化是必然趋势。我国在实行交通低碳化中，发展新能源汽车和电气轨道交通现已成为发展交通的新亮点。

3. 建筑低碳化

目前世界各国建筑能耗中排放的CO_2约占全球排放总量的30%～40%。中国作为当今世界的第一建设大国，十分重视推广太阳能建筑和节能建筑，积极推进建筑低碳化进程。

4. 农业低碳化

中国一直重视农业的基础地位，在实施农业低碳化中主要强调植树造林、节水农业、有机农业等方面。

5. 工业低碳化

工业低碳化是建立低碳化发展体系的核心内容，是全社会循环经济发展的重点。工业低碳化主要是发展节能工业，重视绿色制造，鼓励循环经济。

6. 消费低碳化

消费低碳化是一种全新的经济发展模式，同时也是一种新型的生活消费方式，实行消费的低碳化。消费低碳化要从绿色消费、绿色包装、回收再利用三个方面进行消费引导。

在如今这个环保盛行的社会，我们要求绿化的不仅仅是我们周围的环境，更要绿化我们的生活。我们要从生活的点滴做起，从自身做起，积极倡导与参与到环保、低碳的实际行动中来，根据联合国粮农组织的报告，国际肉制品业排放了全球近18%的温室气体，可见多吃素，减量、适量吃肉的绿色健康、低碳生活方式，还对遏制全球温室气体排放，改善全球气候有显著作用。

综上所述，大力发展低碳经济是国家战略目标，但在市场经济的体制和观念下，“低碳经济”高能效、低能耗技术状态下的生产仍然是追逐最大利润。因此，大量的生产就不可避免，最终一定要想办法将所生产的产品卖出去，而且卖得越多越好。然而大量生产必然会产生大量污染、大量排碳。单位能耗虽然降低了，但能耗总量因大量生产而增加。二氧化碳的排放量不会减少多少或许还会增加。举例来说，通过几十年的努力，小汽车行驶 100 km 的耗油量下降了约 50%，但由于小汽车的总量增加了几十倍。显然污染和二氧化碳排放量也增加了许多倍。要想降低二氧化碳排放量，汽车持有者就必须低碳出行，低碳操作小汽车。

因此说，“低碳经济”仅有先进技术的支撑是不够的。必须依托于“低碳生活”才能实现真正的节能减排目的。

二、低碳生活是发展低碳经济的基础

低碳既要落实到经济上也要落实到生活上，低碳生活是一种简单、简约和简朴的生活方式，是发展低碳经济的重要方面，也是减少温室气体排放、应对全球变暖，直至实现全人类可持续发展的重要手段。人们的衣食住行都与二氧化碳的排放量乃至气候变化有关。比如消耗一张 A4 纸的能源消耗量相当于 0.1 度电，由此可以算出它的二氧化碳排放量，所以说，低碳生活就是在生活中尽量采用低能耗低排放的生活方式，是戒除“便利嗜好”“奢侈和面子消费”“消费过度”等消费至上理念的生活方式。

在推行低碳经济的过程中，世界各国不约而同地将降低日常生活中的碳排放作为重要抓手。例如，英国、瑞典、美国、韩国等国家。

通过建立“温室气体标记制度”，提醒消费者尽可能地少使用生产和消费过程中排放大量温室气体的产品。所谓“温室气体标记制度”，就是规定有关企业按照统一的温室气体排放量计算方法，将其产品从原材料采购、生产、使用到废弃全过程产生的温室气体排放量在该产品上标记出来。温室气体排放量较低的产品经过有关部门的认证，可以获得“低碳商品”的称号。韩国从 2008 年下半年开始，在家电和生活用品范围内试点实行该项制度，并配合实行“分数累计制”激励消费者。如果消费者购买了“低碳商品”就可得到一定的累计分数，并可根据分数享受相应的降价优惠。

所以，低碳商品才会受到民众的青睐，企业才有发展前途，因此说，低碳生活是发展低碳经济的基础。

三、国家极为重视倡导国民的低碳生活方式

2009 年 11 月 25 日，温家宝总理主持召开国务院常务会议，研究部署应对气候变化工作时，要求增强全社会应对气候变化的意识，加快形成低

碳、绿色的生活方式和消费模式。国务院还印发了“关于加快建立健全绿色低碳循环发展经济体系的指导意见”，进一步指导国民进行低碳生活。

习近平总书记多次号召倡导绿色低碳生活，“我们要倡导绿色、低碳循环可持续的生产生活方式”“生产生活方式绿色纸碳转型是发展理念和实践的一种深刻变革”“要加强生态文明宣传教育，强化公民环境意识，推动形成节约适度、绿色低碳文明健康的生活方式和消费模式，形成全社会共同参与的良好风尚”。

第三节 低碳生活应对恶劣气候

一、低碳生活的节能减排显著

2020年12月9日，联合国环境规划署（UNEP）发布的“2020排放差距报告”指出：“按消费侧排放计算，全球约2/3的碳排放都与家庭排放有关……”以人类饮食产生的温室气体排放为例，现已达到全球温室气体排放总量的29%（欧盟委员会发布的研究报告）。加上生活中的衣、住、行、用等而产生的碳排放确实巨大、惊人。中国环境科学学会秘书长任官平说：“节能就是最大的低碳。”所以，人类都来低碳生活，节能巨大，减排显著，会有效降低温室效应。

二、低碳生活的节能减排计算

生活方式描绘了每个人的碳足迹，一个人的碳足迹可以分为第一碳足迹和第二碳足迹。第一碳足迹是因使用化石能源而直接排放的CO_2，比如经常坐飞机出行的人会有较多的碳足迹，因为飞机飞行要消耗大量的燃油，排出大量CO_2。第二碳足迹是因使用各种产品而间接排放的CO_2，比如消费一瓶普通的瓶装水，会因它的生产和运输过程中产生碳排放量，从而带来第二碳足迹。碳足迹越多，说明对全球变暖所要担负的责任越大。“保护国际”中国项目组与美国大自然保护协会合作启动了一个新项目——碳计算器，它能将公众日常消费的CO_2排放直观而简洁地呈现出来，很多网站也提供了专门的碳足迹计算器，只要输入相关情况就可以计算出进行某种活动的碳足迹，也可以计算出全年的碳足迹总量（图 3.1）。

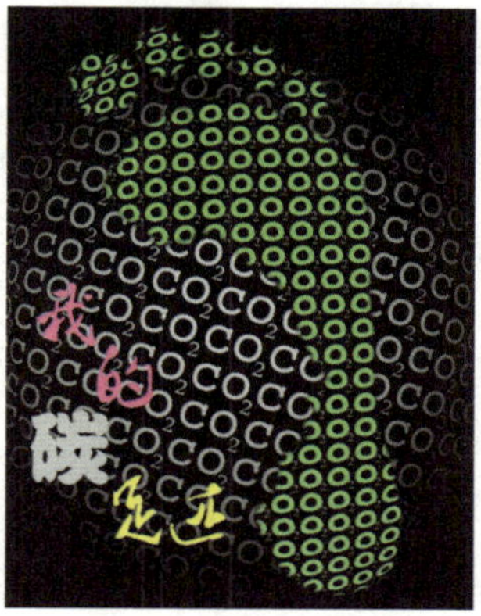

图 3.1　碳足迹图

我们可以通过以下方式来计算二氧化碳的减排量。

1. 节约 1 度电的作用和意义

节约 1 度电＝减排 0.997 kg 二氧化碳；

1 度电的作用：25 W 的灯泡点亮 40 小时；1 台普通冰箱运行 24 小时；电动自行车行走 80 千米；1 匹普通空调运行 1.5 小时；

节约 1 度电的意义（表 3.1）。

表 3.1　节约 1 度电的意义

节约标准煤	0.4 kg	节约水	4 升
减少碳粉尘	0.272 kg	减少 CO_2	0.997 kg
减少氮氧化物	0.015 kg		

2. 节约 1 kg 标准煤的作用

节约 1 kg 标准煤＝减排 2.56 kg 二氧化碳。

（说明：以上电的折标煤按等价值，即系数为 1 度电相当于 0.4 kg 标准煤，而 1 kg 原煤相当 0.714 3 kg 标准煤）

3. “碳足迹”的基本计算公式

家居用电的二氧化碳排放量（kg）＝耗电度数×0.785；

开车的二氧化碳排放量（kg）＝油耗公升数×0.785；

短途飞机旅行（200 km 以内）的二氧化碳排放量＝千米数×0.275；

中途飞机旅行（200 km 到 1 000 km）的二氧化碳排放量＝55＋0.105×（千米数－200）；

长途飞机旅行（1 000 km 以上）的二氧化碳排放量＝千米数×0.139。

我国年人均碳排放 4.1 吨。要减少碳足迹总量，就要践行低碳生活，还可以通过植树、向环保组织捐款等补偿。比如，根据国际一般碳汇价格水平，每排放一吨 CO_2 就要补偿 10 美元。

根据环保组织统计的数据列表如下（表 3.2）：

表 3.2 环保组织统计的数据表

序号	种类	数量	排放 CO_2/kg
1	T 恤衫	穿 1 件	4
2 .	牛肉	吃 1 kg	36.46
3	电视	看 1 小时	0.096
4	电梯	搭 1 层	0.218
5	空调	开 1 小时冷气	0.621
6	用电	1 度	0.997

4. 家庭碳排放如何计算（表 3.3）

表 3.3 家庭碳排放计算

用 电	耗电度数×0.997＝CO_2 排放量（kg）
小轿车	油耗公升数×2.7＝CO_2 排放量（kg）
天然气	天然气使用立方米×0.19＝CO_2 排放量（kg）
自来水	自来水使用吨数×0.91＝CO_2 排放量（kg）
食肉（猪肉）	食肉千克数×1.4＝CO_2 排放量（kg）
烧煤	烧标煤千克数×2.56＝CO_2 排放量（kg）

三、低碳生活应对恶劣气候具体措施

低碳生活不仅是发展低碳经济的基础，而且可显著地做到低碳、节能、减少 CO_2 的排放，还能大大减少雾霾元凶 PM2.5 的排放和酸雨元凶二氧化硫、氮氧化物的排放，因为 CO_2、PM2.5 和二氧化硫、氮氧化物同根同祖，主要都是化石能源燃烧、汽车尾气排放的结果，如前所述，全球约 2/3 的碳排放都与家庭排放有关，正如联合全国环境规划署执行主席阿西姆·施泰纳所说："普通民众拥有改变未来的力量。"我们 14 亿多中国人带头低碳生活，大国表率，坚定兑现习近平主席对世界双碳承诺，从我做起，从现在做起，从小事做起，从衣、食、住、行、用做起，坚持到底，使 CO_2 排放大大降下来，使 PM2.5 和二氧化硫、氮氧化物排放大大降下来，全世界人民都应践行低碳生活，地球温室效应必定极大降低！恶劣气候必将得到改善！

倡导低碳生活

第四章 低碳穿洗

人们衣食住行用，践行低碳生活，首先从穿洗衣服开始（图 4.1 和表 4.1）。

图 4.1 低碳生活，从穿洗衣服开始

表 4.1 有关衣服的节能减排

序号	与衣有关	节能减排内容	节标煤	减排 CO_2	全国行动减排 CO_2
1	买衣服	一年少买一件不必要的衣服	一人一年节 2.5 kg	一件一年减排 6.4 kg	全国一亿人行动，减排 64 万吨
2	洗衣	一年手洗 10 次衣服	一人一年节 1.4 kg	一人一年减排 3.6 kg	全国 1.9 亿台洗衣机每年可减排 68.4 万吨 CO_2
3	洗衣机	用节能洗衣机替换普通洗衣机	一年一台节 3.7 kg	一年一台减排 9.4 kg	全国 1/10 洗衣机更换减排 CO_2 17.8 万吨

第一节　低碳选穿衣服

一、减少碳排放，从少买不必要的衣服开始

衣服在生产、加工和运输过程中要消耗大量的能源（如水、电、气），会产生废水、废渣、粉尘，排放 CO_2。少买一件尼龙化纤衣服，平均可节约 2.5 kg 标准煤，并相应减少 CO_2 排放量 6.4 kg。若一亿人都这样做，就可减排 CO_2 64 万吨。

二、选穿自然材质的衣服

在工业加工以及废弃物处理的过程中，棉、麻、竹等自然材质的衣服比化纤类衣服的碳排放量少，所以穿棉麻衣服也是低碳生活的一部分。

三、重复利用旧衣服

有不少衣服是人们穿之无味、弃之不舍的，可把打入“冷宫”的旧衣服进行交换、转让或赠送，或拆、改、补等，以重复利用或作他用。

四、电熨斗节电

（1）挑选节电的电熨斗。选购功率为 500 W 或 700 W 的调温电熨斗，这种电熨斗升温快，达到使用温度时能自动断电，不仅能节约用电，还能保证熨烫衣物的质量。

（2）根据布料选温度。注意掌握熨烫各种衣料所需要的温度，一般棉织品较耐高温，为 180 ℃～210 ℃；毛织品其次，为 150 ℃～180 ℃；化纤织品更不耐高温，为 70 ℃～160 ℃。应根据不同衣料所需要的熨烫温度调整电熨斗的通电时间。

（3）电熨斗耗电量较大，在使用前应考虑周到，将待熨烫的衣物排好次序，并充分利用其耗电后的余热。如在熨烫毛料服装正面时需要较高的温度，但接着熨烫反面时，又需要较低的温度。所以，在快熨烫完

正面的前 1 分钟左右，应关掉开关，这样在待熨完正面再去熨反面时温度就会刚好合适。如果要接着熨第二件毛料服装，可先用低温熨反面，再提前 1 分钟左右接通电源，待电熨斗温度上升后，再熨正面。需要熨烫的衣物面料不一样时，遵循一定的顺序也是很必要的。首先，熨烫耐温较低的化纤衣物，待温度升高后再熨烫耐温较高的棉麻织物，等到断电后利用余热再熨烫剩余的耐温较低的化纤衣服。这样一来，就充分利用了每一度电。

（4）购买带有温控调节器和蒸汽熨烫功能的电熨斗。家用电熨斗有两种，一种是普通型，其结构比较简单，价格便宜，但不能调节温度；另一种是能调节温度的，称为调温型。调温型电熨斗升温快，达到设定温度后又会保持恒温。使用时，只要预先旋转调温旋钮到某一温度位置，就可使电熨斗保持在所调定的温度。这样熨烫衣料既安全可靠又确保质量，还可节电。普通型电熨斗最好选择手柄上有开关的，以便随时控制温度和节电（图 4.2）。

图 4.2　选择调温型电熨斗节电

（5）安装降压保温器。如有条件，可安装一个降压保温装置，这样，电熨斗在暂时停熨时，可自动保温，以减少电能的消耗。

五、烘干机减排

（1）巧选烘干机。除使用烘干控制定时器外，选择附带干燥终点控制装置的烘干机也比较节电。

（2）少用烘干多晾干。多利用自然晾干，少用烘衣机，对须熨烫的衣物应缩短烘干时间。

（3）应利用好自动控制干燥模式，否则容易使衣物过度干燥并且增大耗电。

（4）连续烘干以节电。尽可能将衣服一批接一批烘干，这样可利用蓄热，节约电能。

第二节　低碳选用洗衣机

一、合理选择洗衣机

1. 智能洗衣机

智能洗衣机其“智洗”高端衣物的功能收获了不少赞誉。出门在外能远程指挥洗衣机帮忙洗衣服、烘干、抚平，很方便。而且很多以前不敢机洗的定制蕾丝、真丝羊绒等高档衣服，智能洗衣机都能洗得跟新买回来的一样干净、漂亮，这样的洗衣机也很迷人。

据了解，智能洗衣机内置有无线网络控制模块，用户通过在智能手机上下载相关 App 应用，并关注相关微信公共账户，就能对洗衣机进行智能远程控制。不仅如此，智能洗衣机还可实现程序智能升级，可实现自身的升级迭代。

2. 全自动洗衣机

全自动洗衣机就是将洗衣的全过程（泡浸－洗涤－漂洗－脱水）预先设定好 N 个程序，洗衣时选择其中一个程序，打开水龙头和启动洗衣机开关后，洗衣的全过程就会自动完成，洗衣完成时由蜂鸣器发出响声。全自动洗衣机预选定的储存程序控制的洗涤方式选择有限，也不可能依照千变万化的洗涤状态而对使用的电、水、洗涤剂实现优化控制。

3. 电脑模糊优化控制洗衣机

电脑模糊优化控制洗衣机是 20 世纪 90 年代的新产品，它运用了多种传感器和模糊推论来判断衣物脏污的程度及其性质，从而设定最恰当的洗涤时间。它在排水位置安装了光传感器，可根据透明度检测洗涤液混浊度和洗涤液变混浊的速度。它装有检测洗涤物数量的布量传感器，可根据布量来控制水位、水流以及洗涤、漂洗和脱水的时间。它还装有检测温度的温度传感器，在温度低时，脏污难以除去，洗涤时间就要相应延长。因此，可优化控制整个洗涤过程，节电、节水、节洗涤剂（图 4.3）。

图 4.3 模糊优化控制洗衣机更节电节水

二、正确操作洗衣机

（1）通过节水来节电。洗涤用水的多少，应根据衣物的重量和体积来选定。加水过多，容易冲淡洗涤剂的浓度；加水过少，衣物不能处于良好的漂浮状态，容易发生绞结，会增加衣物的磨损，也不利于洗涤效果；而且要洗涤干净就要增加洗涤时间，也不利于节电。

（2）波轮式洗衣机的洗衣量与用水量之比为 1∶15 至 1∶20。普通型洗衣机的洗涤桶内都标有在使用时可以参照的水位线。全自动洗衣机可以通过控制面板上的旋钮或按钮进行水位选择。

（3）滚筒式洗衣机的用水量要小一些，洗衣量与用水量之比为 1∶10，洗涤时的水位可加到洗衣筒半径一半的高度，漂洗时的水位可加至洗衣筒半径 4/5 的高度。

（4）集中洗涤衣物，减少洗衣次数，少量小件衣物可手洗。一般洗衣机洗一次需要耗费 30 L 左右的水，少洗一次就等于节约 30 L 水。

三、合理选用洗涤剂

(1) 用于衣服洗涤的产品中，洗衣粉现仍在大量使用。普通洗衣粉和浓缩洗衣粉：A型即普通洗衣粉，这种洗衣粉颗粒大而疏松，溶解性好，泡沫较为丰富，但去污力相对较弱，不易漂洗，一般适合于手洗；B型即浓缩洗衣粉，这种洗衣粉颗粒小，密度大，泡沫较少，但去污力强（至少是普通洗衣粉的两倍），易于清洗，节约用水，一般适宜于机洗。有的消费者错误地认为洗衣粉泡沫越多越好，实际上泡沫的多少和去污力没有直接联系。有磷洗衣粉和无磷洗衣粉：洗衣粉主要由表面活性剂和洗涤助剂组成。表面活性剂的作用是降低水的表面张力，祛除衣物上的污渍；洗涤助剂的作用是结合钙镁离子，阻止污垢再沉积，同时有助于提高表面活性剂的去污能力。含磷洗衣粉是指以磷酸盐为主要助剂的一类产品，磷是一种营养元素，易造成环境水体富营养化，从而破坏水质，污染环境。无磷洗衣粉则是不用磷酸盐作助剂的一类洗衣粉，这种洗衣粉不会使水质富营养化，有利于水体环境保护。加酶洗衣粉和加香洗衣粉：加酶洗衣粉就是洗衣粉中加有酶，加香洗衣粉就是洗衣粉中加有香精。酶是活细胞所产生的一种生物催化剂，特定的酶制剂对特定污垢的祛除具有特殊功能。复合酶不但能分解各种污垢，起到去污的作用，同时其中的一些特定酶还能起到杀菌、增白、护色增艳等作用。加香精则是为了在满足洗涤效果的同时让衣物散发芳香，使人感到更舒适。加香洗衣粉香型有茉莉香型、柠檬香型等（图 4.4）。

图 4.4　用浓缩型加酶洗衣粉，节水又节电

（2）现在越来越多的人使用洗衣液，其实单看去污性的话，显然洗衣粉清洗的效果会更好，因为它的摩擦力更大，其中的碱性物质能更有效地去污，只需要一点点就能洗一大桶衣服。但是看舒适度和实用性的话，洗衣液更胜一筹。因为洗衣粉很难彻底洗干净，它的粉末容易沉积在衣服上，从而伤害衣服和肌肤。而洗衣液虽然效果没那么好，但是清洗容易而且质地温和，保存的时间也比较长久，更容易储存。还有很重要的一点，那就是洗衣粉中有一些不太容易被净化的物质，因此不是很环保，它洗出来的污水是对环境有危害的。在这点上面，洗衣液就比较好，它里面的化学物质都比较环保，基本不会对环境产生危害。其实现在大家洗衣服都会直接使用洗衣机，将衣服和洗涤剂一起扔到里面清洗就行了，所以也不存在伤手的问题。而且现在的人都比较爱干净，所以洗衣液的清洁力已经足够应付了，如果真的特别脏的话再用洗衣粉就行了。所以更多的内行人士会觉得洗衣液更适合家庭使用，它温和环保，使用方便，而且外包装更符合大众审美。

（3）洗衣粉的用量不能过多，如合成洗衣粉，具体用量也应参照相关说明（表 4.2）。因为加的洗衣粉多了，会增加漂洗的时间，从而相应地增加用水用电。

表 4.2　水位与洗衣粉数量的关系

洗涤物（干）	水量（L）	合成洗衣粉（g）	匙量
1 kg 以下	低水位 25 L	35～45	4 匙
2 kg	中水位 40 L	50～60	5 匙
3 kg	高水位 50 L	60～70	6 匙

四、合理选择洗衣方式

（1）洗涤前将脏衣服浸泡约 20 分钟，让洗涤剂与衣服上的污垢起作用，然后再洗涤。这样可使洗衣机运转时间缩短一半左右，电耗也能相应减少。按衣服种类、质地、重量设定水位，按脏污程度设定洗涤时间和漂洗次数，也有利于节电、节水（图 4.5）。

（2）根据颜色分类洗涤。先洗浅色衣服，后洗深色衣服，然后再逐一漂洗，可节水 50%左右。

（3）厚薄衣物分开洗。如果洗涤的衣物里含有质地薄软的化纤、丝绸织物和质地较厚的棉、毛织物等不同质地的衣物，一定要分开洗。因为一般比较薄的衣物四五分钟就可以洗干净，而质地较厚的衣物洗涤的时间较长，一般要十多分钟。把厚薄不同的衣物分开洗涤，不仅能够较为合理地利用洗衣机，而且能让不同衣物在适宜的时间内清洗干净，从而有效地缩短洗衣机的运转时间，节水节电。

图 4.5　按衣服颜色、厚薄分开洗

（4）洗衣服时，定时不要过长，一般洗衣用 6 分钟，脱水用 1.5 分钟。时间短既可节电又可减少衣服磨损。若衣服衣领、袖口比较脏，可先用肥皂或洗衣粉搓洗几次。

（5）根据衣物的数量和脏污的程度来确定洗衣的时间。衣服的洗净度如何，主要与衣服脏污的程度，以及洗涤剂的品种和浓度有关，而同洗涤时间并不成正比。超过规定的洗涤时间，洗净度也不会有大的提高，且电能还白白耗费了。一般洗涤丝绸、毛织品等精细衣物的时间应短些，可洗涤 2～4 分钟；洗涤棉、麻等粗厚织物的时间应稍长些，洗涤 5～8 分钟；极脏的衣物的洗涤时间应再相应加长，但最好不要超过 12 分钟。缩短洗衣时间不仅可以节电，而且还可延长洗衣机和衣物的使用寿命（图 4.6）。

图 4.6 按衣物种类、质地、重量，定洗涤水位和时间

（6）脱水时间要掌握。各类衣物在转速 1 680 转/分的情况下脱水 1 分钟，脱水率就可达 55%，再延长脱水时间其脱水率也提高很少，故衣物洗后脱水 2 分钟就可以了，一般勿超过 3 分钟。

（7）挤尽脏水再漂洗。衣物洗了第一遍后，最好将衣物上的肥皂水或洗衣粉泡沫拧干，挤尽脏水，然后再漂洗，这样就可以减少漂洗次数，缩短漂洗时间，从而达到节水节电的目的。

（8）调紧洗衣机皮带洗得更好。洗衣机皮带打滑、松动，耗电并不减小，而洗衣效果差。每隔三年收紧一次洗衣机皮带，既能恢复原来的效率，又不会多耗电。

（9）合理选择强弱挡（快、慢挡）。洗衣机有强洗和弱洗的功能，很多人可能不会注意到怎样洗更节电，甚至误认为弱洗更节电。实际上，在同样长的洗涤周期内，强洗比弱洗要节电，还可延长洗衣机寿命。因为弱洗比强洗改变叶轮旋转方向的次数更多，开停机次数也更多，而电机重新启动时电流是额定电流的 5～7 倍，所以比较费电。但不应因强洗节电就只选择强洗，选用哪种功能应根据织物的种类、脏污的程度决定（图 4.7）。

图 4.7 强洗比弱洗节电，并可延寿

(10) 有的洗衣机按全自动程序运行，采用洗涤→脱水→注水→脱水→注水→脱水方式洗涤，每次用水量只需 110 L 左右即可，每次可节约 5 L 左右的水。

(11) 洗衣水循环利用。将漂洗的水留下作下一批衣服的洗涤用水，一次可省 30 L 左右清水，或用其来洗拖把、擦地、洗车或冲厕所，不仅可节水，还可节省清洗剂。

(12) 半自动使用节水法。自动排水洗衣机漂洗两三分钟后，水就排走了。可选用单洗不排水的程序，这样可以有充裕的时间把漂洗衣服的水收集起来。两次漂洗也是如此操作，虽说耗时长些，但这样既可使衣服洗得干净，又可以保证每次的用水都能得到再利用。

(13) 先甩干再漂洗。在用洗衣机洗涤时，每次漂洗前先将衣物在甩干桶中甩干，然后再用净水漂洗。这样既节约了用水又可使衣物洗得干净，还可使人远离洗衣粉残留的危害。

五、定期清洗洗衣机

洗衣机应定期清洁，否则易累积过多污垢，如衣服纤维屑、泄渍、有机残留物、衣服带入的细菌等其他物质，不但影响运转，使耗电量增大，而且这些污垢、细菌将污染衣服、伤害人体健康。

第五章　低碳饮食

民以食为天，低碳生活首先要减少“食”的浪费。习近平总书记指出，“餐饮浪费现象惊人，触目惊心、令人心痛。”全体国民应坚决落实习近平总书记制止餐饮浪费行为的重要指示。

表 5.1　低碳生活，减少“食”的浪费

序号	种类	节能减排内容	1年1人节约标煤	1人1年减排CO_2	全国行动减排CO_2
1	粮食（大米）	1人1年少浪费1斤（即每人每餐少浪费11粒米）	0.18 kg	0.47 kg	全国1亿人1年减排4.7万吨
2	肉类（猪肉）	1人1年少吃一斤肉（即每天少吃黄豆大的一块肉）	0.28 kg	0.7 kg	全国1亿人1年减排7万吨
3	烟	1人1天少抽一支烟	0.14 kg	0.37 kg	全国3.5亿烟民1年减排13万吨
4	白酒	1人1年少喝一斤白酒	0.4 kg	1 kg	全国2亿酒民1年减排20万吨
5	啤酒	夏季3个月每人每月少喝1瓶啤酒	0.23 kg	0.6 kg	全国1亿酒民1年减排6万吨

首先，食物在生产过程中要消耗大量的能量，也会产生大量的二氧化碳。食物种类不同，产生的碳排放量也不同。其次，食物在运输、包装、储存、烹饪等各个环节都会耗能并排放二氧化碳（表 5.1）。有资料显示，一个成年人平均每年大概要吃掉：88 kg 肉，相当于排放 1 232 kg 二氧化

碳；113 kg 鸡蛋，相当于排放 678 kg 二氧化碳；270 kg 奶制品，相当于排放 253.8 kg 二氧化碳；90 kg 面粉和谷物，相当于排放 72 kg 二氧化碳；320 kg 水果和蔬菜，相当于排放 1 312 kg 二氧化碳。把这些食物加到一起，一个成年人一年要吃掉近 881 kg 食物，大约排放 3 547.8 kg 二氧化碳。目前全球人口已突破 75 亿，如果按照 5 000 亿吨二氧化碳可让地球升温 1 ℃计算，地球大约 19 年就会升温 1 ℃！

第一节　提倡低碳饮食习惯

一、减少粮食浪费

（1）桌上、地上、锅里、碗里、垃圾桶里到处都有被浪费的粮食或粮食制品。一个人一年少浪费 0.5 kg 粮食，可节约 0.18 kg 煤，相应减排 CO_2 0.47 kg，按 13 亿人算则每年可节约 24.1 万吨煤，减排 CO_2 61.2 万吨。即平均每人每天少浪费粮食 1.37 g（0.5×1 000/365），一天三餐，按 1 g 为 25 粒米左右算，即每餐少浪费 11 粒米左右（图 5.1）。

图 5.1　餐饮浪费，触目惊心、令人心痛

（2）精制粮食是由普通粮食精加工而来的，即以多选少，如果适当减少精制粮食的消耗，多食用一些杂粮、粗粮，就相当于在节约粮食，既健

康又低碳，专家认为摄入的粮食中以六分粗粮、四分细粮最为适宜。

（3）按量做饭菜，当天饭菜当天吃完，外出就餐所剩饭菜打包回家吃。

二、多吃素，适量吃肉，低碳又健康

1. 多吃素，少吃肉

根据联合国粮农组织的报告，国际肉制品业排放了全球近18%的温室气体，比全球所有交通工具的总排放量还多。

联合国专家测算：生产1 kg牛肉排放36.5 kg CO_2，而生产1 kg果蔬所排放的CO_2仅为它的1/9。若每人每年平均少吃0.5 kg猪肉（即每天少吃1.37 g猪肉），就可节煤0.28 kg，减排0.7 kg CO_2。全国一年13亿人可节约35.3万吨煤，即减排CO_2 91.1万吨。一个普通家庭若将肉类消费减半，对遏制全球温室气体排放的作用显著。

事实证明，食用大豆以及以大豆为主要原料的各种豆制品，如豆奶、豆腐、豆干等，是一种既营养又低碳的饮食方式。大豆中的蛋白质含量为35%～40%，营养价值与牛肉相当，大豆与牛肉相比无疑低碳得多。

2. 红肉换白肉，低碳又健康

中华饮食文化源远流长，在世界上享有极高的美誉。中国人喜欢吃，讲究吃，但又不仅仅是吃，在吃这个动作里往往蕴含着中国人认识事物、理解事物的哲理。中国人很早就意识到吃与健康之间的关系，所以流传下来许多关于吃的谚语，比如“宁吃天上飞禽四两，不吃地上走兽半斤”，现在看就是讲红肉和白肉。红肉指的是在烹饪前呈现出红色的肉，这种肉的肌肉颜色暗红，纹理较深，如猪肉、牛肉、鹿肉、兔肉等所有哺乳动物的肉；白肉指的是在烹饪前呈现出白色的肉，如鸡肉、鸭肉等禽类的肉，以及鱼、虾等动物的肉。

红肉和白肉对人类慢性病的影响也不一样，喜欢吃红肉的人群患结肠癌、乳腺癌、冠心病等慢性病的危险性较高，而吃白肉可以降低患这些病的危险性。

美国的一项研究表明：吃红肉越多的人，结肠癌发病率越高。按红肉摄入量多少分组，摄入量最高组的结肠癌相对危险性比最低组高70%。以每周会用5次以上红肉的男性与每月食用红肉不足1次的男性做对照，前者的结肠癌相对危险性增加2.57倍。反之，多食乳品、家禽和植物性脂肪的人群患肠癌的危险性较低。

美国一项对 14 291 名妇女长达 6 年的跟踪研究表明，吃红肉多的妇女比吃红肉少的妇女发生乳腺癌的危险性更大。地中海地区希腊的克里特岛和意大利南部的萨卡人，在 20 世纪 60 年代慢性病发病率世界最低，寿命最长。传统的地中海膳食中的红肉很少，克里特岛人 20 世纪 60 年代每周平均只吃红肉 1 次，而吃其他动物性食物（奶类、禽肉）比红肉多。

从营养学角度来说，白肉的营养价值更好一些。红肉的特点是肌肉纤维组织硬、脂肪含量较高，而白肉的特点是肌肉纤维细腻，脂肪含量较低，脂肪中不饱和脂肪酸含量较高。每 100 g 猪肉中脂肪含量高达 30.3 g，而每 100 g 白肉如鸡肉中脂肪的含量为 10 g 左右，仅为猪肉的 1/3。红肉的脂肪中多为饱和脂肪酸，不饱和脂肪酸仅占脂肪总量的 6.5%。而一般白肉的脂肪中，不饱和脂肪酸占 24.7%，高于牛肉近 4 倍之多。

我们再看鱼肉的营养价值。鱼肉的脂肪含量低，不饱和脂肪酸占总脂肪量的 80%，对防治心血管疾病大有裨益。有资料显示，每周至少吃一次鱼的人比每月吃鱼少于一次的人，发生心脏猝死的概率低了 50%。

另外，考虑到生态环境的影响，白肉也是更好的选择。因为红肉在食品中碳排放量极大，一般情况下，由于饲养牛类以及其他家畜需要耗费大量的能源，红肉的碳排放量达到了鸡肉和鱼肉的 2.5 倍。据计算，每生产 1 kg 鸡肉需要消耗粮食 2.3 kg，每生产 1 kg 猪肉则消耗粮食 5.9 kg，生产 1 kg 牛肉所消耗的不仅是 13 kg 粮食，还要加上 30 kg 的草料。

不管我们是否愿意承认，都必须面对这样一个事实，即吃白肉比吃红肉更健康、更低碳。但是也不一定极端到一点都不吃，毕竟红肉中富含铁、锌等微量元素以及维生素 B 等，这些成分对人体尤其是正处于生长发育期的孩子是很重要的。

三、克服不良饮食习惯，低碳又健康

低碳烹饪好，避免炸和煎。中国室内装饰协会环境检测中心主任宋广生指出：炒菜的油在七八成热时，温度可高达 300 ℃，这样的高温会严重破坏食物中的营养成分，而蒸菜温度只有 100 ℃，基本可以保留食材的营养价值。另外，煎、炸、炒、烤会产生许多油烟以及各种致癌物，既污染了空气，又破坏了环境，而且也会对人体健康造成极大的危害。尤其值得注意的是，现在城市居家环境基本都是楼房，厨房通风效果有限，即使有抽油烟机的帮助仍然避免不了油烟的污染。一旦有害物质无法有效稀释，就可能提高癌症等疾病产生的概率。

很多人担心蒸菜味道不可口，其实大可不必，只要准备充分，这完全不成问题。只要在蒸制前事先用各种调料将食物腌好，一样色香味俱全。蒸菜原汁原味，脂肪量低，既健康又美味。

四、禁烟限酒，健康又减排

现代社会，工作与生活节奏加快，人们感受到的各方面压力增大，许多人将精神寄托于烟酒，甚至烟酒不离身，这样不但损害身体健康，而且还会对气候造成破坏。多喝一瓶啤酒，将增加 0.2 kg 二氧化碳排放，多喝一两白酒，将增加 0.1 kg 二氧化碳排放，全国 2 亿酒民，一年每人多喝一斤白酒，就将增加 20 万吨二氧化碳排放，8 万吨煤耗，而每天多抽一支烟，每人每年将因此增加 0.14 kg 煤耗和约 0.37 kg 二氧化碳排放，全国 3.5 亿烟民，其增加的煤耗和二氧化碳排放是多么巨大啊。

五、节约用水，减少碳排放

生活中，人们随便浪费淡水的现象非常普遍，同样会带来不必要的二氧化碳排放。每浪费 1 kg 自来水，将增加约 50 g 二氧化碳排放。如果被浪费的是开水，还将额外增加约 35 g 二氧化碳排放。而这些被浪费的水最后往往都会混入生活污水，又会增加污水处理环节的二氧化碳排放。

第二节　低碳选用冰箱

一、正确选购冰箱

(1) 建议人均冰箱容积 60～70 L 较为合适，一般三口之家选择200 L 左右的冰箱比较理想，当然，人口较多、经济条件较好的家庭可选容积较大的冰箱，但冰箱的体积过大，耗电也会显著增大。

（2）选购有国家能效标识且能效等级低的冰箱（图 5.2）。

目前，中国能效标识将能效分为 5 级。等级 1 表示产品节电达国际先进水平，能耗最低；等级 2 表示产品比较节电；等级 3 表示产品能效为我国市场的平均水平；等级 4 表示产品能效低于市场平均水平；等级 5 是产品市场准入指标。

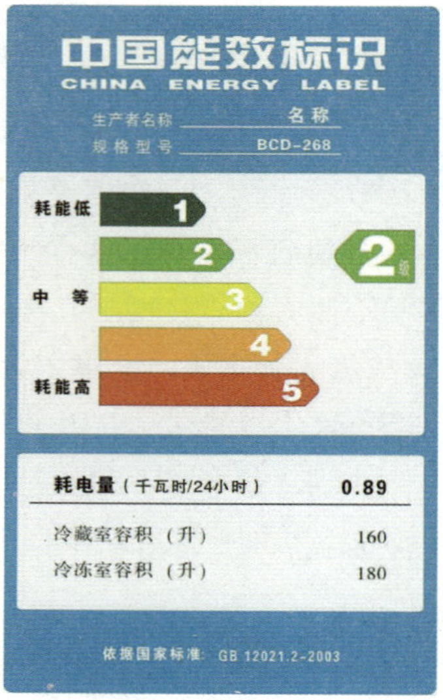

图 5.2 选购有国家能效标识且能效等级低的冰箱

（3）普通冰箱日耗电 1 度左右，而节能冰箱日耗电 0.33 度左右，二者相差 0.67 度左右，一年可节电 244 度。一度电若为 0.6 元，则一年可节约电费 146.4 元。节约 1 度电减排 CO_2 为 0.997 kg，则一年可减排 CO_2 243.3 kg。

二、正确安放冰箱

（1）冰箱周围的温度每提高 5 ℃，其内部就要增加 25%的耗电量。这是因为冰箱的制冷剂需通过管道流经箱内的蒸发器，再流至箱外背面的一排排冷凝器散热，散热越快，制冷剂的效能就越大。因此，冰箱应尽可能放置在远离烤箱、煤气灶等热源的地方，并避免阳光直射。

（2）冰箱应放置于通风良好、阴凉干燥处，冰箱背面离墙壁至少 10 cm，上面及侧面至少要保持 30 cm 的空间，以便有较好的散热条件，提高冰箱制冷效率并节电。

(3) 冰箱应放置在坚固平坦的地板上，同时要调整脚架高度，使正面稍高，避免因门关不紧而浪费电。

三、正确操作冰箱

(1) 冰箱的冷藏室设在 5 ℃，冷冻室设在－6 ℃时最节电，且能使冰箱处于最佳工作状态。

(2) 应尽量选择在冰箱压缩机启动时开冰箱的门，这样可以减少压缩机起动的次数，降低冰箱的耗电量。另外，停电时，请减少冰箱的开门次数，并尽量不再往里面放东西，以减少冷气散失。且应少开、快开、快关冰箱（图 5.3）。

图 5.3　冰箱少开、快开、快关

(3) 冻冰块最好安排在晚间。因为晚间气温较低，有利于冷凝器散热，而且夜间较少开冰箱门可以使压缩机工作时间变短，并节约电能。另外，在采取分时电表的地区，晚间每度电的费用也比较低廉。

(4) 冷藏室加塑料膜可节电。冰箱只要一打开门，箱内的冷空气和箱外的热空气就会迅速对流，使箱内的温度升高，增加压缩机的工作时间，进而增加电耗和机件的磨损。可以在冷藏室的每层网格前加装一块比该格门面稍大的无毒透明塑料薄膜，使箱内外的冷热空气对流受到阻隔。这样，每月可节电 6 度左右。

（5）冰箱科学过冬。冬天冰箱耗电量只有夏天的 1/3。天气入冬转冷后，不要为了节电而立即把冰箱的温控器调到较低挡次。因为挡次调低后，温控器的弹簧拉紧了，压缩机即刻启动运转，并且缩短运行时间，但是由于电冰箱启动电流大，启动次数增多，反而会使耗电量比以前多。冰箱长时间停用，如在冬天较寒冷的地区，冰箱需要停用，则至少一个月应通电 1～2 次，使冰箱运转 10 分钟。否则，一旦引起毛细管堵塞或泄漏，到明年再用时便会增加许多麻烦和负担。

（6）冰块的另类节电法。在冰箱冷冻区制作一个冰块，然后放在保鲜区。由于冰块的温度低于保鲜区的温度，不但可以制冷，而且可以使冰箱压缩机两次启动的间隔变长，每次启动的时间也变短，因此能够起到节约电能的效果。

（7）使用冰箱时，最好先在冷藏室中间放置一支温度计，待放好食品后再开始调温，一般食物在 8 ℃～10 ℃时保鲜效果最好。如果冰箱温度稳定在 5 ℃左右，则与保鲜效果 8 ℃相等，在盛夏季节，每月耗电却会增加 10 度左右。但是也不可一次调温过低，而是应该逐次降低温度，每次调节要间隔 1～2 小时，直到箱内温度稳定并达到所需低温为止，一般分 2～3 次逐步把温度调到 7 ℃～8 ℃。

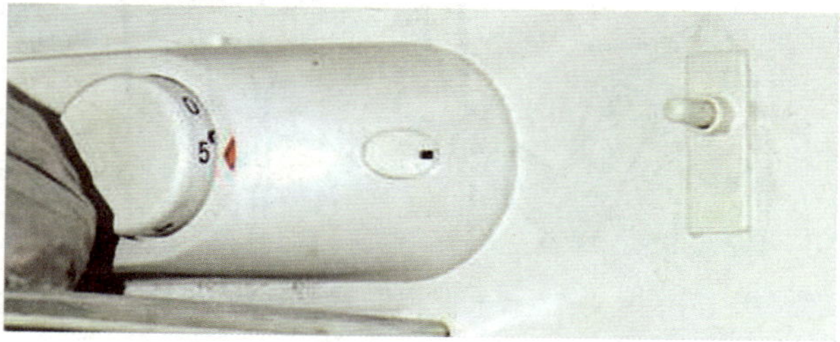

图 5.4　夏天温控开关调到 4 挡及以上

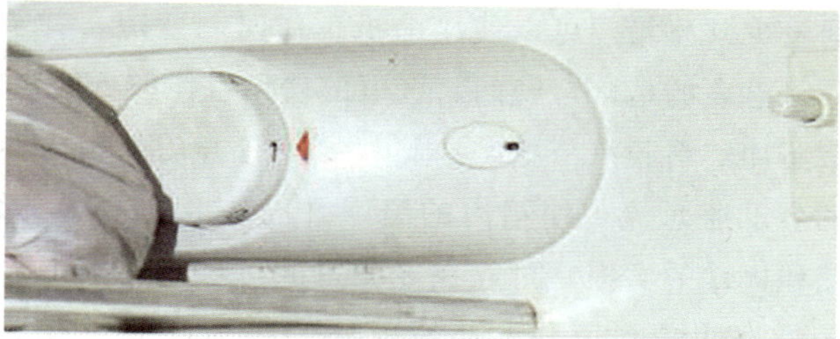

图 5.5　冬天温控开关调到 1 挡或 2 挡

(8) 根据季节，夏天调高冰箱温控挡，冬天再调低。环境温度越高，温控挡位调得越高。调节温控开关是节电的关键，温控开关不可长时间处于强冷或急冷的位置，夏天温控开关应调到 4 挡或以上，冬季一般调到1～2 挡，如此便可以通过减少压缩机启动次数而节电（图 5.4 和图 5.5）。

(9) 电冰箱内存在温度梯度，不同位置温度不同。冷冻室的温度最低，冷藏室各处温度也不一样。而不同的食物需要不同的保存温度，因此存放食物时，要按照其所需的温度，存放在冰箱内不同的位置，以提高保存效果，节约用电。通常，同一电冰箱内会同时储存不同的食物，因此只能综合考虑，选择相对恰当的温度和位置（表 5.2）。

表 5.2 常用食物适宜的保存温度

食物名称	冷藏温度/℃	食物名称	冷藏温度/℃
鲜猪肉	−2～0	鸡蛋	2～7
牛奶	2～5	啤酒	6～8
禽肉	−2～2	苹果	2～6
鲜鱼	1～2	蔬菜	1～8
牛肉	2～5	豆腐	2～5

(10) 根据食物存放时间的长短来调节冰箱温度。如果食物要保存较长时间，那么冷冻温度可调得低一些，一般来说，在 −6 ℃的温度下食物大约可保鲜 10 天，在 −12 ℃温度下，食物大约可储藏一个月。如果只要存放两三天，就不必将温度调得过低。实际上，对于一般需冷藏的食品，只要冰箱冷藏室内的温度不超过 8 ℃，存放时间不长，就不会出问题。即使在 10 ℃下短时间（3 天以内）冷藏也是可以的。但这样高的冷藏温度，对于豆制品、鲜鱼、鲜肉等，就不太合适了，此时应将这些食品放于冷冻室内冷冻储存。对于冷冻室内的食品，只要储存过程中的最高温度不高于 0 ℃，蒸发器表面还可以凝霜，食品保持冻结状态，就能满足储存一周的需要。

(11) 要及时清除电冰箱结霜。霜是热的不良导体，蒸发器上结霜厚度若超过 10 mm，冰箱制冷效率就会下降 30%以上，从而使耗电量大大增加。因此，冰箱蒸发器上结霜厚度超过 5 mm 时就应除霜。直冷式冰箱除霜应采用停电开门的方式使其自然融化，以节约用电。

（12）水果蔬菜等水分较多的食品和液体应加盖后或用塑料袋包装严实放进冰箱，以免水分蒸发加厚霜层，增加除霜时间（图 5.6）。

图 5.6　含水分较多的食品入冰箱需密封

（13）食品应冷却至室温后再放进冰箱。冰箱最忌热的食品直接放入冰箱。虽然有科学实验表明，热的水比冷的水结冰更快，但是，无论多么急于给食品降温或冷冻，都不应将热的食品直接放进电冰箱内。因为热的食品会使箱内温度急剧上升，同时这也会增加蒸发器表面结霜的厚度，导致压缩机工作时间过长，耗电量增加，长时间这么做会损坏冰箱。

（14）据统计，夏天若每次开冰箱时间按 15 秒计算，冰箱内温度可升到 18 ℃，若要使冰箱内温度恢复原状，压缩机就要多工作 10 分钟，耗电量就会增加 3%～4%，因此，我们应减少冰箱开门次数，减小开门角度，并快开快关，尤其是盛夏箱体内外温差大（30 ℃～40 ℃）的时候。

（15）使冰箱门封条磁性保持良好，减少冷气逃逸和热气涌进，提高制冷效果，减少压缩机启动次数和工作时间，既可节电，又能延长冰箱寿命（图 5.7）。

图 5.7 冰箱门封与箱体应密封良好

（16）冷藏室不宜放满（以 80%左右为宜）；且食物与冰箱内壁之间以及食物之间应留有 10 mm 以上的空隙，以利于冷空气循环，使冰箱内温度均匀稳定，减少耗电，提高食品保鲜效果。若存放食物过满，将使耗电量增加 4%～5%。而冷冻室则应尽可能装满，使潮湿热气难以进入并引起结霜，增强冷却效果，从而有利于节电。

（17）冰箱内食物不能过少，否则热容量变小，压缩机开停间隔也随之缩短，累计耗电量反而会增加。箱内食物过少时，最好用几只塑料盒装水放在冷冻室冻成冰块，然后定期放入冷藏室内以增加热容量（图 5.8）。

（18）对于大件大块食物，应切开后存放，分开包装，以利于空气对流，加快降温速度并节电。同时，一次只取出食用量，不必把一大块食物取出用完再放回去，这样可以避免反复冷冻导致既耗电又损失食物质量。

（19）冰箱上不要放东西，放置东西会阻碍冰箱散热，使耗电量增加（图 5.9）。

图 5.8 冷藏室内食物不宜过满过少

图 5.9 冰箱上不要放东西

(20) 使用超级冰袋节电，买两袋超级冰袋，放入冰箱冰冻室，用它吸收多余的热量。超级冰袋热阻比冰箱保温层热阻大，能起到蓄冷的作用，减少冰箱冷气的散失，根据测定，每个月大约可节省 6 度电。

四、正确维护冰箱

(1) 及时清洁冷凝器表面沉积物及箱体压缩机表面沉积物，因为沉积物太多会影响正常的热交换和制冷效果，导致耗电增加。

(2) 将一团棉花裹到冰箱的滴水漏斗上，然后用细绳或胶布将其包住，可防止冷热空气直接交流，达到节电的目的。在夏天外界温度为35 ℃时，这样做甚至可以节电 10%以上。

(3) 经常检查冰箱门封与箱体密封是否良好。

(4) 电冰箱的压缩机用电均采用轻负载启动方式，当工作一段时间后，压缩机已起压缩作用，高压氟利昂（无氟冰箱用制冷剂）通常需要经过 3～5 分钟后才自动降低压力。如果在电机运转时，电网突然停电，而且马上（小于 5 分钟）又来电，电机就会遇到处于高压状态下的氟利昂并处于重负载启动，则此时的电流必然很大（启动电流可达正常值的 10 倍左右），这不但会增加耗电，而且轻则影响压缩机寿命，重则因电机启动困难而损坏电冰箱。

(5) 磁性物质不要靠近冰箱。冰箱箱门密封条一般加入磁性材料，因此,箱门是靠磁力密封的。门封的好坏直接影响冰箱的耗电多少和压缩机负荷的大小，进而影响冰箱的使用寿命。如果将扬声器等带磁性的物品放在冰箱箱顶上或者摆在冰箱邻近处，这些物件的磁场对冰箱磁性门封来说就是外磁场，外磁场会减弱箱门封条的磁性，导致箱门不能紧密贴合箱体而产生缝隙。这样，箱内的冷空气就会从缝隙中逃逸出来，而箱外的热空气将从缝隙中漏进去，使冰箱的制冷量散失过快。此时，要使箱内维持原来的低温，压缩机就需要较长时间的运转，就会增加冰箱的耗电。因此，冰箱使用时还要防磁干扰，磁化杯、收录机等物品不要靠近电冰箱。

第三节　低碳选用微波炉

一、正确选择微波炉节电

选购微波炉时，应视家庭人口而定，一般 2 人家庭选用 800 W，3～5 人家庭选用 800～1 000 W，5 人以上家庭选用 1 000～1 500 W 就足够了。

二、放置要远离磁场

微波炉附近不要有磁性物质，以免干扰炉腔内磁场的均匀状态，使工作效率下降。还要和电视机、收音机保持一定的距离，否则会影响视、听效果。

三、正确使用微波炉节电

(1) 用微波炉加工的食品上加一层无毒塑料膜或盖子，使被加工食品水分不易蒸发，味道好又节电（图 5.10）。

图 5.10　放入微波炉的食品应该加盖或加薄膜

（2）冷冻食物要先行解冻。如果时间允许，尽量不用微波炉解冻，可将冷冻食品预先放入冷藏室内慢慢解冻，充分利用冷冻食品吸收热量，既能使电冰箱节电，又能使微波炉节电。

（3）放入炉内食物不宜太厚太大（最厚 5 cm），且食物厚薄大小应基本一致，否则会延长烹饪时间，多耗电（图 5.11）。

图 5.11 食物厚薄大小应基本一致

（4）食物的大小形状要适宜。食物吸收微波的过程是：先由厚约 1 cm 的食物表层吸收微波的一半，再由表层下厚约 1 cm 的内层吸收余下微波的一半。如此下去，越是食物的中心，所吸收的微波就越少。当厚度超过 5 cm时，食物中心就要靠热传递来完成烹饪，相应延长了烹饪时间，所以在实际烹饪时，食物块不宜太厚太大。食物的几何形状对烹饪效果也有一定影响。形状规则的食物在炉中可以均匀受热；形状不规则的食物，在烹饪时，较薄的或较窄小的部分会产生过热现象。因此，在实际烹饪中，食物应切得大小厚薄基本一致为宜。

（5）掌握好微波炉的加工量。每一种型号的微波炉，都有一个最佳的食物加工量，如果少于这个加工量，就会使电利用率不高。例如，一台微波炉食物最佳加工量为 1 kg，经测定，烹饪两块 0.5 kg 的猪肉需 3.6 分钟，单独烹饪一块 0.5 kg 的猪肉需 2 分钟。因此，应尽量按最佳加工量来安排烹饪，这样可以节电。

（6）注意食物的比热容和密度。不同食物的比热容不同，同样的温升对于不同的食物来说，所需的热量不同。例如，比热容为 1 的水和比热容为 0.5 的脂肪，如果要把它们升高到同样的温度，水需要的热量是脂肪所需要热量的两倍。因此，在实际烹饪中，应注意根据食物的比热容来确定烹饪时间，以节省电能。一般来说，密度大的食物比密度小的食物所需的烹调时间长。例如，带骨头的肉、鱼烹饪时，由于骨头吸收的微波少，并且是热的不良导体，所以骨头附近的肉就熟得慢一些。这也是在实际烹饪时要注意的问题。

（7）开关门不要太频繁。很多人在使用微波炉长时间烹饪食物时，都会时不时打开看看，如果食物还没完全受热就再加热一会儿。其实，微波炉启动时用电量最大，所以使用时应尽量掌握好时间，减少开机查看的次数，做到一次启动烹调完成，这样做还能提高微波炉烹调的质量。

（8）根据食物选火力。应根据烹调食物的类别和数量选择微波的火力。在同样长的时间内使用中微波挡所耗电能只有强微波挡的一半，如烹调只需要保持肉片嫩脆、蔬菜清新鲜活时，宜选用强微波挡烹调，而炖肉、煮粥、煮汤则可使用中挡强度的微波进行烹调。

（9）适当加水热得快。微波炉主要是靠微波使水分子产生相互作用来加热食物的，因此，加热较干食物时，可在食物表面喷洒少许水，这样既可提高加热速度，又能减少电耗。

（10）仔细检查微波炉的门是否密合，以免微波外泄。微波外泄既耗能又增加微波对人辐射的危害（图 5.12）。

图 5.12　微波炉的门密封好，节电

（11）余热烹调节电多。微波炉关掉后，不宜立即取出食物，因为此时炉内尚有余热，食物还可继续烹调，应过1分钟后再取出为好。

（12）金属器皿不要用。不要在微波炉加热时用有金属涂层或金属花纹的器皿或使用铝膜盛（包）食品。因为微波是一种电磁波，这种电磁波的能量不仅比通常的无线电波大得多，而且一碰到金属就发生反射，金属根本不会吸收或传导它；而玻璃、陶瓷、塑料等绝缘材料可被微波穿过，不会消耗能量（图5.13）。

图5.13 金属不能进入微波炉

（13）根茎类食物，比如土豆、山药等，用水加热不易煮熟，若放在微波炉里很短时间内就熟了，则节电省气省时。

四、正确维护微波炉节电

（1）微波炉要保持清洁。保持箱内清洁，尤其是风口和微波口的清洁，将可以节省35%的电能。清洁微波炉前，将一个装有热水的容器放入微波炉内加热几分钟，让微波炉内充满蒸汽，这样可使顽垢因饱含水分而变得松软，容易去除。清洁时，用中性清洁剂的稀释水先擦一遍，再分别用清水洗过的抹布和干抹布做最后的清洁，如果仍不能将顽垢除掉，可以利用塑料卡片之类来刮除，但千万不能用金属片刮，以免伤及内部。最后，别忘了将微波炉门打开，让内部彻底风干。

（2）插座接触要良好。微波炉等电器插头与插座的接触要匹配良好，否则不仅耗电量会增大，还会造成安全隐患。

第四节 低碳选用电磁炉

一、正确选择电磁炉节电

（1）一般电阻炉是直接利用电流通过电阻产生热量的，其热能通过对流和辐射传到锅底而使锅变热；而电磁炉的锅底本身就是热源，这就有效地避免了热能在传递过程中的辐射和对流损失，所以热效率高。煤炉热效率为25%，煤气灶和液化石油气灶的热效率为45%，电饭锅的热效率最高可达60%，而电磁炉的热效率可达80%以上。因此，电磁炉同微波炉一样，本身就是节能高效的新型炉具。所以做饭菜时应多用电磁炉。

（2）选择带有温度控制器的电磁炉，可防止过热，节电又安全（图5.14）。

图5.14 选有温控电磁炉节电又安全

（3）选择具有微电脑安全装置的电磁炉，有自动保温、自动断电功能，不但安全方便，而且可以节约电能。

（4）目前，投放市场的电磁炉最高功率通常在800～1 800 W之间，并分成若干挡。一般来说，2人及以下家庭选1 000 W左右；2～4人家庭选1 300 W左右；4～6人家庭选1 600 W为宜；6人以上家庭选1 800 W电磁炉就能满足要求。

（5）选购电磁炉时，还应考虑功率是否恒定，普通电磁炉在使用不同含铁锅具时，额定功率最高会相差30%～50%，而优良的电磁炉即使使用不同的含铁锅具，额定功率都是恒定的。

(6) 选锅大小很重要。铜锅、铝锅都不能用于电磁炉，一定要选择使用铁质或不锈钢的平底锅具，其锅底直径以 12～26 cm 为宜，锅具太小，会导致电磁炉的四周一直在空烧。此外，在选用锅具时，最好根据电磁炉的功率买合适的锅具。选用薄形锅具可以缩短烹饪时间，达到节电目的。

二、正确安放电磁炉节电

(1) 电磁炉放置的地方要离开热源 100 mm 以上。在电磁炉 3 m 范围内，不要放置录像机、电视机、收录机等有磁性的电器，以免影响烹饪效果。刀片等金属件也不宜放在灶台面板上。

(2) 选用通风散热快的电磁炉。电磁炉内部装有冷却风扇，故通风口、进风口、排风口应离墙壁 10 cm 以上，且通风口不可堵塞，保持四周通风良好，以利于炉具散热，避免电能浪费。

三、正确使用电磁炉节电

(1) 空烧费电又危险。使用电磁炉时，不可空烧锅具，因为这样不仅浪费电能，还容易发生危险。

(2) 保持灶面与锅底清洁光滑，使锅底紧贴住灶面，否则将明显降低加热效率而多耗电。不要在灶面与锅底之间垫东西（有的使用者为了保持灶面的清洁在此处垫纸、布等东西），这将明显降低加热效率多耗电，因为纸、布都不是铁磁物质，磁导率很低，势必影响锅具的感应加热。而且，锅具经过一定时间后，温度很高，也会引起纸或布起火燃烧，反而弄脏了灶台台面（图 5.15）。

图 5.15 灶面与锅底之间不允许垫东西

（3）正确煮、炒、煎、蒸节电。煮：将被煮食物先放入锅内，并加足水，放在灶台加热面板上，然后接通电源，用强火加热，当水沸腾后改用中火加热，在食物快熟时改用弱火加热，直到烹饪完成。炒：炒菜时一般使用强火。煎：煎炸食物时，先用强火把烹饪锅加热，放上的食用油温度足够热后，就可放入待煎炸的食物。在烹饪过程中，要根据不同的需要，改用中火或弱火直至食物被煎炸好。蒸：直接使用强火加热食物至熟。但蒸蛋类食物时，在有大量的蒸汽冒出时，就要改用弱火，以免食物老化。

四、正确维护电磁炉节电

（1）电磁炉最忌水气和湿气。当灶台面板上有难以擦去的污垢时，只能用沾有中性肥皂水的湿布擦拭，再用干的软布擦，千万不要用水直接冲洗。

（2）电磁炉应使用单独的电源插座，电源插头必须与插座接触良好。

第五节　低碳选用其他电器

一、电饭煲节电

1．正确选购电饭煲节电

电饭煲煮同样多的米饭，700 W 的电饭煲比 500 W 的电饭煲更省时节电。实践证明，煮 1 kg 饭，500W 电饭煲需 0.27 度电，700 W 电饭煲需 0.23 度电（图 5.16）。

2．正确操作电饭煲节电

（1）经淘洗的米浸泡 10 分钟左右后再煮可以节电。

（2）电饭煲跳闸后，应立即拔下电源，否则当温度小于 70 ℃又自动通电时就会浪费电能。

（3）在电饭煲上盖一条毛巾煮饭（但毛巾不能遮住排气孔），可减少热量损失，起到一定保温作用，从而节电。

（4）开水煮饭节电。开水煮饭使大米一开始就处于高温热水中，有利于淀粉的膨胀、破裂，使它很快成糊状，可节电 30%，还更易被人体吸收。

（5）忌把电饭煲当电水壶使用。烧一壶开水前者耗电是后者的 4 倍左右。

图 5.16　700 W 比 500 W 电饭煲省时节电

（6）节电好吃两不误。煮米量较多时，米饭泡沫易溢出锅外。为了节约电能，避免米汤外溢，可在米饭沸腾后用手指轻抬按键，使其跳起切断电源，充分利用电热盘的余热，7～8 分钟后米汤基本被米吸干，再按下按键，饭熟后自动跳开。这时，不要急于掀开锅盖，要焖十几分钟后再掀盖食用。这样既节约了电能，米饭又松软可口。为减少按键开关频繁而使触点磨损，也可采用拔下电源线插头或加装闸刀开关控制电源的方法切断电源。

（7）正确维护电饭煲节电。电饭煲电热盘上附着的油渍污物，时间长了会碳化成膜影响导热性能、增加电耗，故要经常加以清洁（图 5.17）。

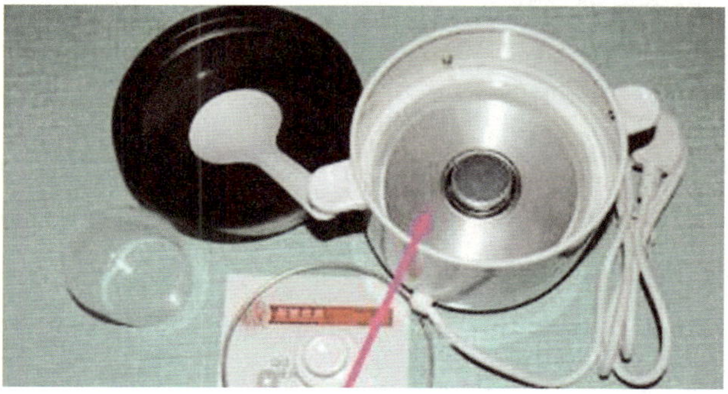

图 5.17　清洗电热盘省时、节电

(8) 煮面煮粥节电。煮面条时，水开后放入面条，煮3～5分钟后将电源断开，利用电热盘的余热，保温几分钟即可。煮粥也是一个道理，一煮开就拔掉电源，盖紧盖子焖10分钟左右就可以出锅了，此法既省心又节电，一举两得。

二、电水壶节电

(1) 水垢定要及时除。及时清除电水壶中的水垢，可提高加热效率，以达到节约用电的目的，并可延长其使用寿命（图5.18）。

图5.18　及时清除水垢节电，延长寿命

(2) 用电水壶烧水时，水不宜灌得太满，以免水开时溢出，但一定要漫过加热件，以免浪费电能，发生危险。

三、抽油烟机节电

(1) 选好机型是关键。目前市面上一些超薄型抽油烟机，虽然外形玲珑美观、制作精致，但使用效果却不佳，且清洗麻烦。抽油烟机选购应以深型、大功率（单电机功率在95 W以上的为最佳选择）为主。深型抽油烟机由于功率大，风扇为涡轮式，外形结构合理，因而噪音低、拆卸方便、清洗简单。它的另一显著特点是有三挡调速，能根据使用者的需要随时调整吸排力的大小，如炒菜、煎炸食品用强挡，烧开水、煮稀饭、炖肉时用低速挡，可长时间运转，十分方便又节电。选购具有油烟净化功能的抽油烟机为最佳选择（图 5.19）。

图 5.19 深型抽油烟机吸排力强且节电

近年来，一项“漩涡油烟分离”的专利给油烟净化领域带来了福音，这项技术可以消除油烟中 90％的油脂成分。

(2) 照明节电。做饭时尽量使用抽油烟机上的小功率照明，关闭厨房其他光源。

(3) 不要用抽油烟机当排风扇。不要用抽油烟机当换风设备，在有油烟产生时才开启抽油烟机。

(4) 谨慎清洗风叶。清洗抽油烟机时不要擦拭风叶，可在风叶上喷洒清洁剂，让风叶旋转甩干，以免风叶变形增加阻力而费电。

(5) 抽油烟机空载浪费大、耗电大、排碳多。我们可能有些时候在一些生活细节上总是不加注意，在厨房做饭时，随手打开抽油烟机，做两个菜的间隙不需要使用抽油烟机也不会关闭，总以为浪费不了多少。其实如果仔细算算，每台抽油烟机每天少空转十分钟，1 年可节电 12.2 度，相应减少碳排放 11.7 kg 二氧化碳。如果对全国保有的 4 亿台抽油烟机都采取这一措施，那么每年可节电 49 亿度，减排二氧化碳 468 万吨。所以随手关掉抽油烟机还是很有意义的。

四、饮水机节电

(1) 不要用饮水机长期保温。很多家庭都备有饮水机，一般从早开到晚，加之功率大（数百瓦），且保温效果差，不知不觉中浪费许多电能。所以饮水机不用时，要关电源。采用即用即开法或使用传统的真空瓶胆的保温瓶，不仅节电且保温效果更好（图 5.20）。

图 5.20　待机能耗大，不用开水时拔电源

（2）定期除垢。饮水机定期使用除垢剂去除水垢，可提高加热效率，既节电又延长其使用寿命。

五、消毒柜节电

（1）餐具擦干放入消毒柜。用完的餐具必须洗干净，擦干后才放进消毒柜，不能承受高温的餐具必须放进低温层，这样才能缩短消毒时间和降低电能消耗。

（2）合理放置消毒柜。消毒柜应放在干燥通风处，离墙距离不宜小于 30 cm，否则易因散热不佳增大电耗。

六、电烤箱节电

（1）电烤箱一般用来烤制面包、蛋糕、烤鸡、烤鸭、烤花生、猪排、牛排等中西式菜点，是一种用途较广的家庭厨房用电器。家用电烤箱按结构分为简易电烤箱、普通型电烤箱和高级电烤箱三大类。各个家庭根据具体情况选用，一般家庭选用功率为 650～750 W 的电烤箱就足够了。

(2) 购置电烤箱时，要考虑其主要用途及烤制的食物量。如果经常烤制整鸡整鸭，则要挑选容积较大的电烤箱，相应地电烤箱的功率也大。

(3) 食品放入烤箱前，一定要先预热烤箱，无论烤制何种食物，一次只应放置一盘，以使食物同时受到面火和底火的烘烤。

(4) 烤盘一般为黑色的耐热搪瓷盘，也有铝盘，深度为 25～40 mm，表面光滑，四角呈圆弧状。以黑色的耐热搪瓷烤盘为好，因为它比光亮的铝烤盘吸收热量多 7%～9%，热效率高。

(5) 减少停炉次数。电烤箱有热惯性，通电时要 2～3 分钟，加热器表面才能达到正常工作温度，断电后也不会立即冷下来。因此，要准确掌握食品烘烤时间。被烤食品送入箱内后，使加热器连续工作，直至烤好。

(6) 保证炉门密封。为了防止箱内热量外泄，需要保证炉门的密封性。因为炉门上温度较高，所以不宜使用衬垫，一般采用弹簧门结构，它是依靠拉簧的弹力使门始终紧压在门框上。使用较长时间的电烤箱，要注意检查拉簧是否有力，发现弹力不够，要及时更换（图 5.21）。

(7) 保持内腔的光亮清洁。电烤箱的内腔在成型后都进行了表面处理，其目的在于形成具有较高辐射反射率的表面，使加热器的部分辐射热反射到被烤食物上，以提高整个箱体的热效率。

图 5.21 炉门密封好，电烤热效高

第六章 低碳居住

第一节 低碳用电

居住低碳用电主要包括空调、电扇、照明、热水器等设备（表 6.1）。

表 6.1 空调、电扇、照明、热水器节能

序号	种类	节能减排内容	一年节能	一人一年减排 CO_2	全国行动减排 CO_2
1	空调	夏天在国家提倡的基础上调高 1 ℃	节电 22 度	21 kg	全国 1.5 亿台空调 1 年减排 315 万吨
2	空调	出门前 20 分钟关空调，改制冷为送风	节电 5 度	4.8 kg	全国 1.5 亿台空调 1 年减排 72 万吨
3	电扇	大部分时间用中慢挡风速，就可满足纳凉要求	节电 2.4 度	2.3 kg	全国 4.7 亿台风扇年减排 108 万吨
4	照明	LED 灯取代节能灯和白炽灯，如用 11 W 节能灯取代 60 W 白炽灯	节电 71.5 度	68.6 kg	全国换 1 亿只年减排 686 万吨
5	照明	养成在家随手关灯的习惯	每户节电 4.9 度	每户 4.7 kg	全国 3.9 亿家庭年减排 183 万吨
6	热水器	每户安装 3 m^2 太阳能热水器	每户节煤 360 kg	每户 920 kg	全国 1 亿家庭安装则减排 9 200 万吨

一、低碳选用空调

1. 正确选购空调节电

（1）选购有国家能效标识的空调，如前选择冰箱所述，家用空调应选择国家能效标识 5 个能效等级中低等级者。能效比是空调制冷（热）量同输入功率的比值，是空调的能效指标，且同功率的空调器能效比每提高 0.1，可节电 3%～4%（图 6.1），所以，空调能效是衡量空调性能优劣的重要参数。

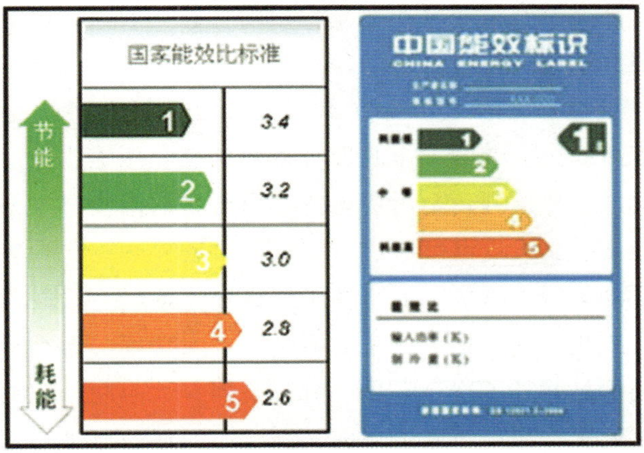

图 6.1　中国能效标识

（2）选购空调匹数应与房间大小相匹配，1 匹空调适合 12 m^2 左右房间，1.5 匹空调适合 18 m^2 左右房间，2 匹空调适合 28 m^2 左右房间，5 匹空调适合 70 m^2 左右房间，匹配不当，如小房间买大空调，空调恒温器就会频繁开关，导致压缩机频繁启动磨损加大；大房间买小空调，房间无法达到设定温度，压缩机就一直处于高速运转中，两种情况都会造成电能的巨大浪费。

（3）选择空调类型时，要根据房间的形状、布局、朝向、楼层的高低以及居住人口的不同来决定。比如，面积相同的客厅，如果长宽大致相等，噪声较小的分体壁挂型空调当然是最佳选择；但如果房间是长条状的，就应该考虑选择风力更强、送风更均匀的柜机。如果所住的地区冬季室外温度较低（低于－5 ℃），热泵型冷暖空调就会罢工，所以选择电辅助加热型冷暖空调最适合。

(4) 长时间使用空调的家庭应尽量选择变频空调。一般而言，普通空调器运行达到设定温度后会停机，然后再以开机—停机—开机的工作方式维持房间的温度，而变频空调靠低频运行的连续运转方式来维持房间内的温度，温度的波动大大减少，从而提高舒适性，在室内温度达到设定值以后，变频空调在低频状态下稳定运行维持温度，减少能耗30%以上。此外，变频空调器还实现了低频启动。在供电电压不足的地区，变频空调器可自动修正加到压缩机上的电压，使压缩机的工作更稳定，效率更高。目前变频空调主要有全直流变频和交流变频两种。一般而言，全直流变频要比交流变频更为节能，但价格略贵。

(5) 压缩机是空调的“心脏”，因此降低压缩机的耗电量是使空调节电的关键。双压缩机空调的工作原理与目前的变频压缩机性质类似，传统单压缩机空调的工作原理，是用户先自行设定室内温度，空调机正常运转一段时间后温度达到设定温度时，压缩机会自动停止工作，等室温发生变化后再重新启动运行。而实际上，在压缩机停止运转一段时间后，实际需要补充的冷气或热气往往很少，完全不必启动大功率的压缩机来补充。而双压缩机空调恰好弥补了这一不足，由于其拥有大小两个压缩机，补充少量冷气或热气的工作由小压缩机完成，因此，那部分原来不得不浪费的能源就这样节省下来了。

图 6.2 立体送风空调比普通空调节电

(6) 送风模式。有立体送风功能的空调能上、下、左、右自动摇摆送风，使室内温度更均匀。因此，就算你让空调制冷时把温度设高 2 ℃，也会感觉同样凉快、舒服，这样的空调比普通空调要节电两成以上（图 6.2）。

（7）家用空调宜买单冷式。空调分只制冷的单冷式和制冷制热两用式。家用空调宜买单冷式。因为制热所需功率太大，1 千瓦时的电功率制冷可产生 2 800 大卡的制冷量，可满足 20 m^2 房间的制冷要求，而同样的电功率用于制热只能产生 860 大卡热量，远远不能使 20 m^2 的房间达到制热要求。加上制冷温差小（如由环境温度 32 ℃降至 27 ℃，温差只有 5 ℃），制热温差大（如由环境温度－5 ℃升至 15 ℃，温差达 20 ℃），使得使用空调制热耗电巨大，不适合一般家庭使用。况且现在电暖器品种繁多，有石英炉、电热油汀取暖器等，制热效率均高于空调制热，而且电暖器体积不大，使用方便，因此，一般家庭家用空调不宜购制冷制热两用式（图 6.3）。

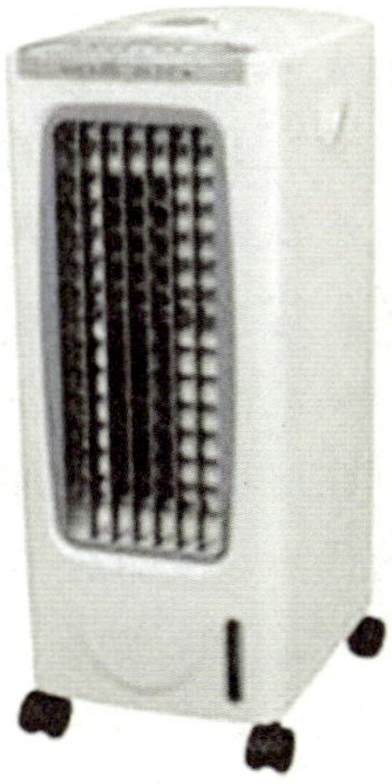

图 6.3　一般家庭宜用单冷式空调

（8）采用家庭中央空调比普通空调节能 30％以上。

2. 正确安装空调机节电

（1）安装高度。根据冷空气重、热空气轻的原理，空调装得越高，在制冷时需要工作的时间就越长。从节电的角度考虑，空调装在离地面 1.6 m左右比较合适。因为当冷空气的高度达到 1.6 m 时，人在房间里也能感觉到凉爽了。而位置装得过低，比如把空调装在窗台上，抽出的空气温度低，相对来说空调是在做无功损耗，上层的空气并没有得到有效制冷。另外，室外机安装应离地面至少 75 cm，以免尘土扬入污染散热片，增加耗电量（图 6.4）。

图 6.4　空调安装离地面约 1.6 米，凉爽节电

（2）房间选择要合理。首先要保证空调房间的气密性良好。开启空调时，朝阳的房间挡上遮阳帘，并拉上厚质地的窗帘，可以减少冷气在空气中的散失。用密封条塞住门缝和窗缝，堵住各种管道周围的缝隙，用管道胶带或填堵材料密封供热管道的焊接处、拐弯处和连接处，都可以避免热损失。房间应具有最基本的隔热性能。墙面应涂刷一层胶质涂料，以增强灰质墙的隔热性，有条件的可在房屋地面增加保温层，增强隔热效果，提高空调效率。对于住在顶楼的住户，夏日强烈阳光直射楼顶，由于热的传导造成屋内温度上升，故可于屋顶架设遮阳黑网，种植花木以减少日晒，降低冷气负荷。

（3）安放分体空调机主机（室外机）支架必须配套，如用适用于一匹空调的支架安放 2 匹空调的主机，必将导致主机安放在更靠墙的位置，严重影响主机散热，增加耗电。

（4）室外机已有防水功能，若另外安装雨棚会影响散热，增加电耗。

（5）分体式空调器的室外机与室内机之间连接管路越短越好，且连接管处要做好隔热保温，避免阳光直射机身，如不具备这种条件，应在空调器上加盖遮阳罩，以利散热，否则制冷操作时将增加空调器的制冷负载，从而增大电耗。

3. 正确选择空调房内温度节电

从人体健康舒适和节能两方面综合考虑，夏季室温一般应控制在

26 ℃～29 ℃。经测算把空调制冷温度每调高 1 ℃，可节电 10%左右，而我们的身体几乎察觉不出这样小的温度差异。建议夏季空调温度设定在 26 ℃～29 ℃，因为在 26 ℃以下，在耗能上已经进入了空调的低效率区。而且人体感温度的临界点是 33 ℃，高于 33 ℃就会感到热，但低于 33 ℃则会感到凉。空气相对湿度 50%、温度 26 ℃时，人体感觉是最舒适的。若室内温度设得过低，室内外温差过大，一方面费电，另一方面也容易引起人们肠胃不适或感冒。冬季室温一般应控制在 16 ℃～20 ℃，室温每降低 2 ℃节电达 10%左右（图 6.5）。

图 6.5　空调温度设定，夏天 26～29 ℃，冬天 16～20 ℃

4. 正确维护空调机节电

（1）清洗空调机应内外兼顾。一般情况下，人们对清洗空调的概念停留在对外壳、面板及过滤网进行清洗。事实上，内部的冷凝器和蒸发器等特殊构件也是滋生细菌的温床。空气中的微小灰尘和细菌穿过过滤网进入空调内部，与冷凝水黏合后堵塞在蒸发器上，便影响空调的制冷和散热。而这些脏东西藏在蒸发器铝片的缝隙中，从表面根本就看不到，需要用

图 6.6　清洗空调机应内外兼顾

专用的空调清洗剂才能清洗干净。空调清洗后，可极大降低感染各种病菌的可能性，减少哮喘等呼吸道疾病的发生。此外，清洁过后的空调制冷效果更好，也更加节电，可节电20%左右，并能延长空调机使用寿命（图6.6）。

（2）勤洗空调室内机过滤网，并保持冬夏两季使用高峰期每周清洗一次的频率，每年定期清洗空调机冷凝器、蒸发器、换热翅片和风扇叶及外壳。

（3）每年向空调机风扇电机轴承注入适当润滑油，可减少风扇阻力，节约电能。

（4）应防止盲目听从维修空调机人员建议添加氟利昂，因为加入过多氟利昂会造成空调机压力过高，反而影响制冷效果，增加电耗，同时维修费用大增。

（5）空调器与电冰箱一样最怕瞬间停电。因此，当空调器关掉电源停止工作后，最少应隔3～5分钟才能再次启动，最好配上有延时功能的保护器。在电源电压很不稳定的环境中使用空调，还应配上电源稳压器。电压过低，启动缓慢，增加电耗，甚至不能启动，不仅不能制冷，还会烧毁电机。电压过高也会损坏电机（图6.7）。

图6.7　配空调保护器，安全、节电

（6）空调器在使用过程中，如听到有较大的响声或周期性的碰撞声，或闻到异常气味时，应立即停机，进行检查，以免增加耗电，甚至使故障扩大。

（7）空调器不用期间应妥善保护。单冷式空调器仅在天气炎热时使用，大部分时间处于停机状态。空调器停机不用期间，应注意以下几点：

① 从电源插座上拔下电源插头，取出遥控器内电池。

② 清除空调器外表的灰尘、污垢，用塑料薄膜或布物盖住其室内部分，如窗式空调的控制面板，分体式空调的壁挂制冷器等。

③ 对暴露在户外的空调器室外部分，应该用防雨材料罩住，以免雨水、冰雪、尘土侵蚀和阳光暴晒，外罩的尺寸应稍大于被罩体，其间有3～5 cm间隙。但不能用不透气的塑料薄膜罩住室外部分，以防雨雪侵入后水分不能蒸发而锈蚀机体。

④ 分体式空调的连接软管也要避免日晒雨淋，特别是对软管连接接头处不要进行任意移动或敲打，也不要在上面堆放物品，以免造成连接不良导致制冷剂泄漏事故。

5. 开空调时加强门窗密封和隔热节电

(1) 开空调时不关紧门窗，冷（热）流将溢出，热（冷）流将涌进，使空调制冷（热）效果下降，耗电大增。最好选厚一些的窗帘以阻止室内冷（热）气通过玻璃散失。

(2) 夏天用窗帘或玻璃窗贴太阳反射膜以减少太阳热辐射进入室内，也能显著降低空调负荷而节电（图 6.8）。

图 6.8　夏天玻璃窗贴太阳反射膜节电

(3) 窗户保温好，用电用得少。不要选择铝合金窗、钢窗，因为金属铝导热系数大，传热快。尽量选用复合材料（塑钢）窗。夏季可以避免室外的热空气通过铝合金材料传入室内，冬季避免室内热空气通过热传导散失到室外，从而达到节省夏季空调用电与冬季取暖用电的目的。

窗户的玻璃尽量不要选择普通玻璃，而要选择中空玻璃，因为中空玻璃中间是一层空气，空气的导热系数较小，所以中空玻璃的导热效率仅为普通玻璃的70%，而中空玻璃每平方米单价只比普通玻璃贵30%，两年省下的电费就能抵消改装投资。在东西向开窗处，应装设百叶窗或窗帘，以减少太阳辐射热进入室内，降低空调用电量（图6.9）。

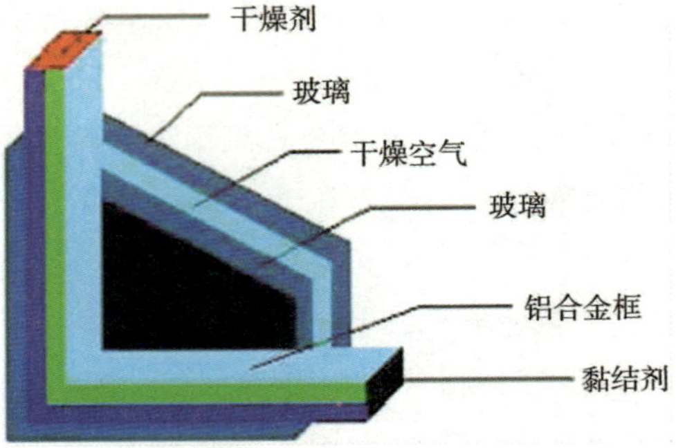

图6.9　中空玻璃比普通玻璃节电

如果采用单层玻璃，则可在玻璃上附上一层薄膜，薄膜分为反射薄膜、遮阳膜、隔热膜等，可根据所在地区及朝向不同加以选择。隔热膜可在夏天贴秋冬撕下，几百元的膜用十几年不成问题。

6. 正确使用空调机节电

(1) 夏季空调加风扇低速运转可加速室内气流循环，提高制冷效果，既有舒适感，又能节电。

(2) 电风扇耗电是空调耗电的5%～10%，天气不太热或在房间时间较短可使用电风扇。

(3) 带遥控功能的空调有8 W左右的待机功耗，不用空调时应切断电源。

(4) 空调室内避免使用发热器具。

(5) 家用空调使用6～8年以后要更换。一般家用空调使用年限为10～12年，但最安全节能的办法还是在使用6～8年后更换新空调，这是因为空调使用数年后，蒸发器翅片会严重氧化，能效将降到出厂标准的50%以下。

(6) 提前换气少开窗。在使用空调的时候，应提前将房间的空气换好，一套两居室房间的空气完全更换一遍，足够两个人消耗一个半小时。

房间内开着空调时，建议开窗户的缝隙不要超过 2 cm。在使用空调的过程中，需要尽量控制开门开窗。如果用的是变频空调，当室内温度总与外界一样时，变频空调还会调高频率，超负荷工作，增大消耗。如果想停机换空气，最好开窗开门前提前 20 分钟关空调。

（7）出风角度要选好。选择适宜的出风角度会使空气的温度降得更快。冷空气比较重，容易往下走，制冷时出风口向上，这样制冷效果更好。而在冬天时，热空气比较轻，容易气往上走，制热时出风口应该向下，这样也能达到节能的效果（图 6.10）。

图 6.10　制冷时风叶向上，制热时风叶向下

（8）状态设定有窍门。开机时设置高冷或高热，以最快达到制冷制热效果，有“高效键”的用户开机时可使用该键，使空调迅速达到设定温度，可节电 10%。当温度适宜时，改中、低风，既可减少能耗，又可降低噪声。

（9）通风开关要少开。对于有换气功能的空调和窗式空调，在室内无异味的情况下，不常开通风（新风）开关换气，这样可以节省 5%～8%的电能。因为常开通风开关会导致冷（热）气大量外流，增加耗电量。

（10）空调启动时最耗电，所以“开机率”对耗电多少影响很大。而且压缩机是不能频繁启动的，停机后必须隔二至三分钟以后才能开机，否则易引起压缩机因超载而损坏。

业内人士提醒，正确的使用方法是：设定室温时，不要与室外温差太大，如室外 33 ℃，室内设定 28 ℃就可以了，达到 28 ℃后，如觉得不凉，可再将设定温度逐度下调，这样空调高频运转时间短，可节电。如觉得太凉，无须关闭，只要将设定温度调高即可（图 6.11）。

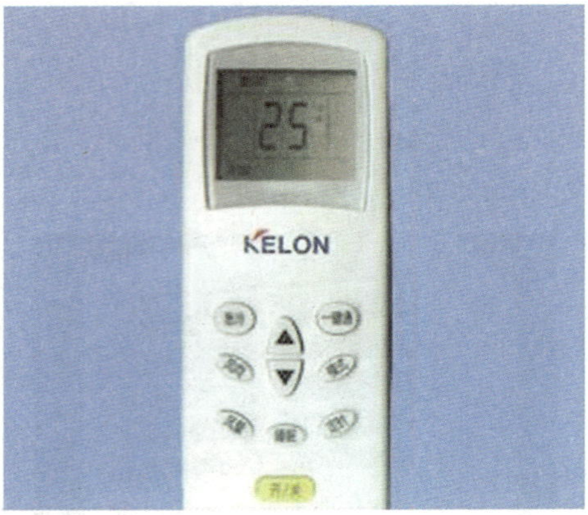

图 6.11 频繁开关空调，费电，短寿

（11）出门提前关空调。最好是离家前 30 分钟关闭压缩机（由制冷改为送风），出门前十分钟即彻底关闭空调，在这段时间内，室温还足以使人感觉到凉爽。养成出门提前关空调的习惯，可以节省电能。

（12）不宜从早开到晚。过多使用空调既耗能，又会对人体产生不利的影响，最好在清晨气温较低的时候停一停，开窗通通风。这样既可节电，又可换气。开窗通风也要讲时间段。在清晨较凉爽时开窗通风，可以让室内空气清新，到八九点钟太阳辐射较强时，立即关闭门窗隔热，晚间室外温度下降时，再开窗通风，最大限度地利用自然的便利条件。天气好的时候，不要老待在空调房里，不妨相约到外面走走，多呼吸新鲜空气，不光节电，对身心健康也大有好处。

（13）合理使用睡眠功能。在睡眠时，应该使用空调的睡眠功能，有的空调品牌称之为经济功能。睡眠时，人体散发的热量减少，对温度变化不敏感。睡眠功能就是设定在人们入睡的一定时间后，空调器会自动调高室内温度。因此使用这个功能，可以起到节电 20%的效果（图 6.12）。

（14）天气炎热，需要开着空调睡觉时，一定要将空调定时，一般定 2 小时即可。若不对空调定时，一来费电，二来易得“空调病”，对人的身体无益。

图 6.12 使用空调“睡眠”功能，节电

7. 物理降温法节电

（1）上班离家前关紧门窗，拉上深色窗帘，可降低室温 3 ℃～4 ℃。下班回家一般情况不必开空调，只要开一台风扇就可达到降室温效果。

（2）室外墙种藤蔓植物，让绿色藤蔓植物爬满外墙，夏天室内温度可降低 4℃左右，可不开或少开空调。

8. 适当提高空调房间的相对湿度节电

实验表明，用增加相对湿度的方法比用降低温度的方法可以节省更多的电能，如在温度 26 ℃、相对湿度 30％时，人体感觉凉快的程度与在温度 22 ℃、相对湿度 90％时相同。相对湿度太大，会使人感到不舒服，因此，室内湿度应控制在 40％～70％为宜。故对于能够加湿或减湿的空调器，用提高相对湿度的方法可以有效地节电。

二、低碳选用照明灯具

1. 正确选择照明光源节电

（1）一些家庭厅堂、卧室照明往往超过所需要的照明照度，不但浪费电能，而且会导致目眩和不适的感觉（如眼睛疲劳、头痛等）。将大功率灯泡换成小功率灯泡或将灯泡群控改为分控等办法，既节电又有利于健康。

（2）用 LED 灯取代节能灯和白炽灯。节能灯具有高亮度、低耗能、光效稳定等优点，用 11 W 节能灯代替 60 W 白炽灯可节电 80％，寿命是白炽灯的 8～10 倍，亮度还能提高 20%～30%，有多种光色可选择，替换也方便，几个月就可回收成本。而 LED 灯比节能灯更节电、寿命更长，光效更稳定（图 6.13）。

图 6.13　LED 灯取代节能灯和白炽灯，节电

（3）用电子镇流器或节能型电感镇流器替代传统电感镇流器，电耗降低 50%（由 8～10 W 降为 4 W 左右），且功率因数高，光效高，性价比高。

（4）选择有 3C 标志和节能标志的节能灯，其光效、使用寿命、安全性、谐波等各项性能指标都有保障，才能真正节电又省钱。

（5）选用细管荧光灯替代粗管荧光灯可节电 20%左右（如 28 W 的 T5 灯代替 36 W T8 或 40 W T12 荧光灯）（细管是指管径在 26 mm 以下）。

（6）选择三基色荧光灯。三基色与普通卤素荧光粉荧光灯相比，光效提高 15%～20%，且具有显色性好、光衰小、使用寿命长等优点（图 6.14）。

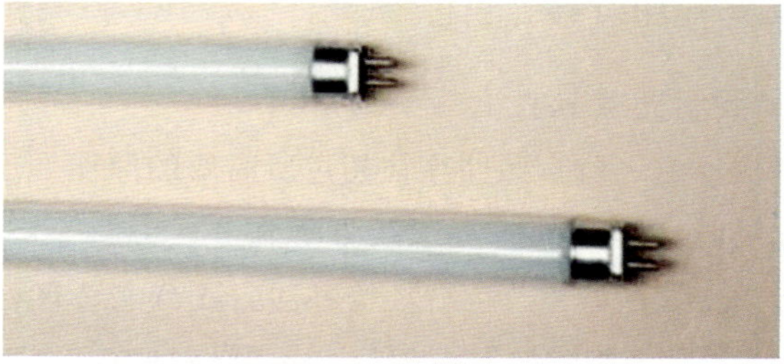

图 6.14　三基色荧光灯节电多，寿命长

2. 正确安装照明灯具节电

(1) 安装灯具高度合适可减少灯之瓦数，如 20 W 日光灯装 1 m 高照度是 60 流明，0.8 m 高是 93.75 流明。

(2) 安装多个照明器具节电。在需要光照度不定的地方，可安装两盏并列的灯。对光照要求不高时只打开一盏，要求高时再将两盏同时打开。大的组合式多头灯具可用多个开关分组控制，按需要选择开一组灯或多组灯。也可采用全面照明与局部照明并用的办法，全面照明无须太亮，但在某一区域较费眼力的场合可用局部照明来加以补足。一个房间安装多个照明器具，能享受各种情调气氛。回路分得越细，越能高效利用灯光，所以就能更节电。

3. 正确配置照明光源节电

(1) 一人看书或干细活时不开一般照明灯，提倡采用台灯（局部照明），用 6～9 W 节能灯即可代替一般照明灯（40 W 白炽灯），节电显著，灯罩采用高效照明的反射罩，则可成倍增加局部照明光效。

(2) 走廊、厕所、楼梯少开路灯或采用声光控（或红外光控）延时开关可节电。

(3) 床头灯、台灯、吊灯可用调光灯节电。

(4) 人的眼睛更适应自然光，而且自然光的显色性是所有光源中最好的，取之不尽，用之不竭。优先使用自然光不但可减少人工照明，节约用电，而且对人们的身心健康有益。

(5) 充分利用室内受光面反射性能，能有效提高光的利用率，如白色墙面的反射率可达 70%～80%，提高室内天棚、地面及家具等物品光反射率（如采用白色或浅色装饰）也能达到类似的效果。晚上开灯时，窗户应用不透明的或光反射性能良好的窗帘或百叶窗加以遮挡，可使室内明亮得多，则用小瓦数灯代替大瓦数灯，照明效果差不多，还可节电。

4. 灯具维护节电

(1) 灯管因使用老化而增加功率在 20%～30%，故应及时更换发黑而老化的灯管以节电。

(2) 坚持定期清扫灯泡和灯罩。灯具在使用中不断积聚灰尘，严重影响灯具发光效率和寿命，根据积灰不同，光通量会减少 20%～70%，故要定期清灰。

5. 家用照明灯的控制节电

（1）采用家用智能灯控器或请主管供电部门调节供电变压器分接头降压节电。日光灯运行电压降低 5%，其有功功率虽降低，但日光灯发光效率却会提高 2.85%；若运行电压降低 10%，则发光效率提高 6.5%，不仅对人的视觉无影响，还可节电 20%～40%，且灯泡寿命延长 5～10 倍。特别是某些家庭受地区（或单位）供电电压偏高的影响，往往灯泡寿命很短（灯泡每高于额定电压 5%，其寿命相应降低 50%），且导致灯泡耗电增加，故对于电压偏高的家庭使灯泡降压运行更为必要。

（2）灯具开关巧控制。过道、楼梯口、门口处用的灯要安装多控开关，使得楼上楼下、门里门外都可以控制开关；有的场所特别是门头灯可安装触摸型延时灯、声控灯或远红外线控制灯，这样可以随手关灯，做到人来开灯、人走熄灯；床头宜用变光灯，人们可根据需要调节光照效果，以达到节电目的（图 6.15）。

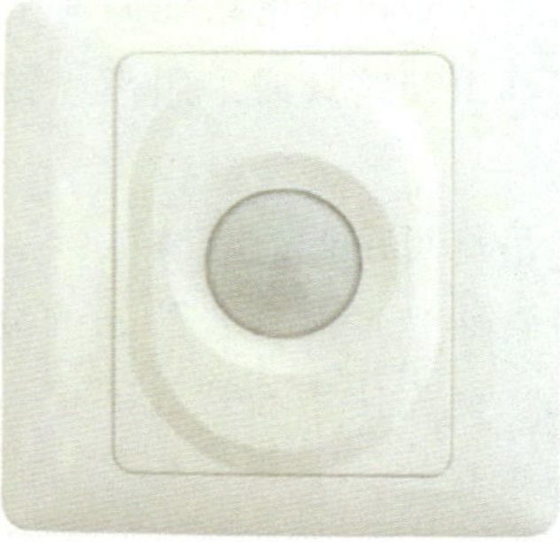

图 6.15 感应开关巧控制节电

（3）尽量减少灯的开关次数。据科学测试，节能灯在启动时最为耗电，且节能灯有一个特点：开灯后时间持续越长，则越明亮越节电，所以若晚上出门在两小时之内就不要关灯了，这比重新开灯的耗电还要小。

三、低碳选用电风扇

1. 正确安放电风扇节电

（1）风扇摆放有窍门：放在室内相对阴凉处，将凉风吹向温度高处，可提高降温效果，缩短电扇使用时间，以减少电耗（图 6.16）。

（2）白天宜摆于屋角，让室内空气流向室外，晚上将其移至窗口内侧将室外空气吹向室内。

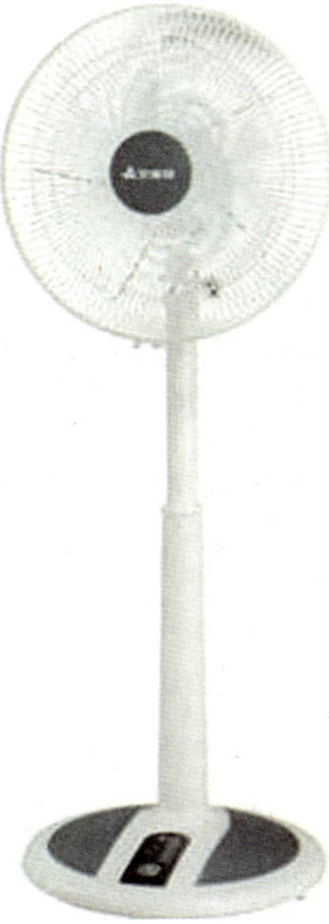

图 6.16　风扇放在阴凉处提高降温效果，节电

2. 正确选择电风扇节电

(1) 电风扇按其电动机型式可分为蔽极式和电容式两种，前者耗电量较后者大。以 400 mm 台扇为例，前者功率为 80 W，后者为 66 W，为了节电，一般家电可选用后者（图 6.17）。

图 6.17　电容式风扇节电效果好

（2）扇叶大的电风扇功率大，风也大，耗电也多。应根据房间大小、房顶高低选合适的电风扇扇叶大小。客厅、餐厅优先考虑吊扇，以1 200 mm为宜，也可以选用400 mm落地扇。

3．正确操作电风扇节电

（1）风扇巧妙当“空调”。不少人认为空调比风扇更凉快，其实，风扇也能够造出和空调一样的效果，但是却节电很多。拿一个深一点的盘子，放上0.5 L左右的冰块，最好是小块一点的，然后放在电扇前面，在一个10 m^2 左右的房间里就像开了空调一样，而且不会使人气闷。

（2）风扇对着窗户吹。很多人都习惯让风扇对着自己吹，其实，在通风良好的房间，让风扇对着窗户，反而有助于在房间内形成自然风。而且由于人们感觉炎热的时候，也是身体缺氧缺水的表现，这种自然风能够提供大量新鲜空气，达到更好的体感降温效果。

（3）风扇的耗电量与转速的立方成正比。在满足要求的情况下，多使用中、慢挡转速的和风和微风，既舒适又节电。如400 mm的电扇用快速挡时耗电量为60 W，用慢速挡时耗电量为40 W，用慢速挡可节电1/3。

（4）调速器要与电扇匹配。市面上出售的台扇、落地扇，大多数采用电抗器调速器来调速。吊扇由于极数多，开关又距电扇较远，只能采用电抗器调速。因为电风扇各挡转速与电动机的转矩特性和扇叶特性有关，因此电抗器必须与电风扇的电动机和扇叶相匹配，才能获得良好的调速效果，从而达到节电的目的。

适用于某种规格型号电风扇的调速电抗器，一般不适用于其他机型。例如，400 mm 16槽电容式电风扇的调速电抗器不能用于400 mm 8槽电容式电风扇调速，350 mm电容式电风扇的调速电抗器不能用于350 mm罩极式电风扇调速。目前市面上出售的电风扇都配有相适用的调速电抗器，若不配调速器，或自己配的调速器坏了，在购买时要注意其匹配性。

（5）加设微风挡节电。有高中低速挡的电风扇，即使在低速时也在转速900转/分钟以上，在盛夏开着电风扇入睡时，容易受凉感冒，也多耗电，此时可在电风扇上增设一个微风挡，将风速降至500转/分钟左右，这样风量少而柔和，且不易感冒又节电。办法简单：用20～40 W荧光灯镇流器串在风扇电源电路里，其上并一微动开关，开关断开，微风产生，开关闭合，正常风量。同时还可加装调速开关调节微风大小（图6.18）。

图 6.18 选中慢速的和风、微风挡，节电

4. 正确维护电风扇节电

(1) 每年向风扇轴承注入适当润滑油，可降低风扇阻力，既节电又延长风扇寿命。

(2) 每年清洗一次风扇叶和风罩，可减轻风扇负荷，提高风量，节约用电。

四、低碳选用电视机

1. 正确选择电视机节电

(1) 要根据家庭人口的多少、房间的大小选择适当尺寸的电视机。大尺寸的电视机，耗电大，观看距离也远。反之，房间小、观看人数少时，挑选尺寸小一些的电视机就可以了。

(2) 电视机也有如前述空调、冰箱那样的能效等级，越低的能效等级越好，所以选择低级别能效等级的电视机节能、节费。

(3) 根据自己实际用途选择电视机配置，盲目追求高档多配置，不仅使用效率低，而且耗电量增大。

2. 正确摆放电视机节电

电视机放置至少应距离墙壁 10 cm 以上，以利散热，从而减少能耗（图 6.19）。

图 6.19　电视机距离墙 10 cm 以上，既散热又节电

3. 及时拔掉电视机电源插头节电

一般电视机插入电源就预热显像管，耗电 5～10 W，如果常年不拔电源插头，一台电视机一年将多耗电 45 度～90 度，不仅多交几十元电费，而且会使显像管寿命降低。所以不看电视时一定要把电源插头拔下，这样既节电省钱又能延长电视机寿命。家庭影院一般也有待机能耗，不用时也应拔下电源。选择电视时注意选择待机能耗低的产品。

4. 正确操作电视机节电

(1) 看电视时要关掉其他灯具，开一盏 5 W 节能灯，电视机对比度不要太强，亮度要适中，声音不要过大（耗电功率随亮度、声音增大而增大），屏幕最亮状态比最暗状态多耗电 50%～60%，每增加 1 W 音频功率，就相应会增加功率 3～4 W 的能耗。家庭影院声音也应适中，利于节电；声音、亮度适中，不仅收视效果好且眼睛不易疲劳，还节电。

(2) 白天看电视，应拉上窗帘遮光，可相应降低电视机亮度，既节电又延长电视机寿命。

(3) 电视机不工作时应加盖防尘罩，这样可防止电视机吸进灰尘。灰尘多了就可能漏电，不仅增加电耗，还会影响图像和伴音质量（图 6.20）。

5. 及时清洁电视机节电

(1) 电视机工作时，荧光屏外表面携带电荷，使空气中的带电尘埃附着于荧光屏表面上，使可视亮度越来越小，只好增加电视机亮度，导致耗电增加，故应及时清洁荧光屏。

(2) 定期清理电视机主机，主机积层多了，难散热、易短路、多耗电、降低寿命。

图 6.20 电视机不工作时应加盖防尘罩

五、低碳选用电脑

1. 正确选择电脑节电

(1) 选购待机能耗低的电脑，如节能型电脑等，减少待机损耗。

(2) 选择合适的电脑配置和外接设备。显示器选择要适当，显示器越大，耗电越多，例如一台 17 寸显示器比一台 14 寸显示器耗电多 35%；笔记本电脑比台式电脑能耗低得多；喷墨打印机比激光打印机能耗少 90%；打印机与复印机联网，效率更高，利于节电。

(3) 挑选节电型 CPU（中央处理器）。笔记本电脑最耗电的部件就是 CPU，人们一般比较喜欢选择频率比较高、性能比较高的 CPU，殊不知，性能越高的 CPU 越耗电。我们如果只是看看文件、上上网，那么选择高性能的 CPU 是没有必要的，只会造成电能的浪费。所以，要根据使用需要选择 CPU，够用即可。

(4) 选择配有 DDR 内存的笔记本。DDR 内存要比 SDRAM 内存节电，因为 DDR 内存的工作电压是 2.5 伏，而普通 SDRAM 内存的工作电压为 3.3 伏。

2. 正确操作电脑节电

(1) 减少电脑待机能耗。关机状态下的电脑仍有待机能耗 5 W 左右，若每天按电脑工作 6 小时，关机 18 小时计，则一个月待机能耗达 3 度电，所以，电脑在非使用期间应拔下电源插头，若短时间不用，就让电脑进入睡眠模式或经济运行状态，以减少待机电耗。这种低耗模式，可将待机能耗降低一半以下（图 6.21）。

图 6.21　电脑进入睡眠模式，以减少待机电耗

（2）不用的设备先屏蔽。像光驱、软驱、网卡、声卡等暂时不用的设备可以先屏蔽掉。比如外置光驱，在不用的时候，尽量把它拔掉，因为即使没有使用，光驱也一样会消耗电力。打印机、音箱等用时再打开，用完及时关闭。还有内置无线模块，不使用的时候也应该关闭。

（3）移动存储设备及时拔。移动存储设备不要长时间插在电脑上，要即用即插，用完拔出。避免长时间连接耗费电能。拔出前要先使用任务栏中的“安全删除设备”功能退出设备连接，再拔出。

（4）在用电脑听音乐或看碟时最好使用耳机，以减少音箱的耗电量。

（5）适当降频更节电。使用 CPU 降频软件降低 CPU 功耗是电脑最直接的节电方案。如果正在进行上网或音乐播放，为什么要让 CPU 高频工作呢？降频不仅降低了 CPU 的直接功耗，而且还让发热量降低，间接降低系统风扇转速，从而降低风扇的耗电量。

（6）显示器亮度应调低。在做文字编辑时，将背景调暗些，节能的同时还可以保护视力、减轻眼睛的疲劳度。当电脑在播放音乐时，可以彻底关闭显示器。

（7）整理清洁系统。保持电脑系统的清洁，有利于节电。关闭那些并不常用的软件，不让它们驻留在内存中，例如检查屏幕右下角的系统栏，看看有没有没用的应用图标出现。同时按 Ctrl+Alt+Del 快捷键，可以调用任务管理器关闭那些并不在使用又在后台运行的软件。

（8）光盘数据备份于硬盘中。对于常用的光盘，我们可以用虚拟光驱软件将其备份在硬盘当中。一方面硬盘速度快，不易磨损，另一方面开机后硬盘就保持高速旋转，不使用时也一样耗电。

（9）少超频稳定又安全。有的电脑爱好者热衷于超频，作为技术试验未尝不可，但如果在不超频一样能完全满足性能需要时，还是尽量少超频，既节能又能稳定还安全。

3. 经常保养电脑

主机积尘过多将影响散热，显示器积尘会影响亮度，定期清洁机内灰尘和擦拭屏幕，既节电又能延长电脑寿命（图 6.22）。

图 6.22　定期擦拭屏幕

六、低碳选用电热水器

1. 选择即热式电热水器最节电

目前国内市场上的电热水器主要是储水式热水器和即热式热水器。即热式电热水器比其他热水器更节能、方便、安全、耐用。其突出的优点有：用时打开水龙头，数秒后就有温度适宜的热水供应；不用提前预热，没有预热时的热量损失，用多少水就放多少水，也没有储水式热水器多加热剩余热水的能量消耗，真正做到了节能、节电、省水。据测算，它比传统储水式热水器节电 30%～50%。因为冷水通过加热体直接被加热后流出，属于“活水”，不易形成水垢，在加热过程中，机器发热体温度上升也不高。这样，水路及发热体的损坏率大大减少。所以，即热式电热水器的寿命比传统的储水式电热水器要长 2～3 倍（图 6.23）。

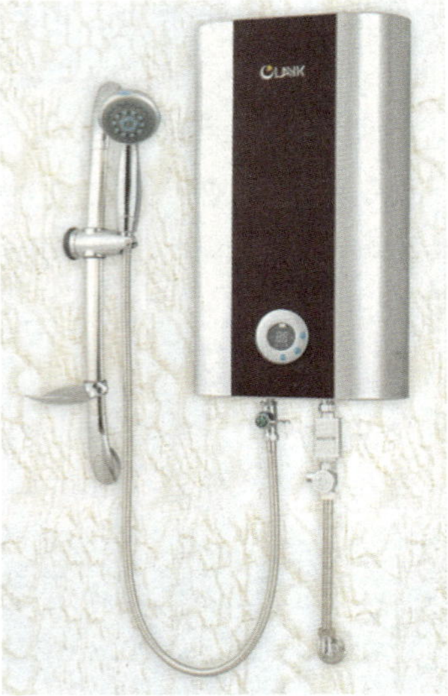

图 6.23　即热式电热水器更节电

2. 正确选择储水式电热水器

（1）三口之家用 30～40 L 容量的电热水器为宜。

（2）装有恒温开关的热水器比无恒温开关的热水器节电。

（3）选择保温效果好带防结垢装置的电热水器节电。

3. 正确操作储水式热水器

（1）设定温度有窍门。电热水器一般温度设在 60 ℃～80 ℃之间可有效减少电耗。早晨温度控制器的温度不要设置得过高，一般洗漱设置40 ℃为宜，加热时间为 1 小时。温度设置得过高则耗电量就大，晚上设置温度控制在 70 ℃，加热时间 1 小时。

（2）烧水时间巧掌握。不需要等电热水器里没有热水了再烧，而是估计热水快用完了就启动电热水器，这个方法比把一箱凉水加热到相同温度所用的电要少得多，而且加热速度也快得多。

（3）不用水时就关闭。洗澡时应注意不需沐浴时将喷头关闭，等到用的时候再开，这样既节水又节电。

(4) 使用淋浴比盆浴可节约一半用水和电力，淋浴设定温度要合理，一般在 50 ℃～70 ℃为宜。

(5) 若每天随时需用热水，且电热水器保温效果好，应让电热水器始终通电，并设置在保温状态，因保温比把一箱凉水加热到相同温度所用的电要少得多（图 6.24）。

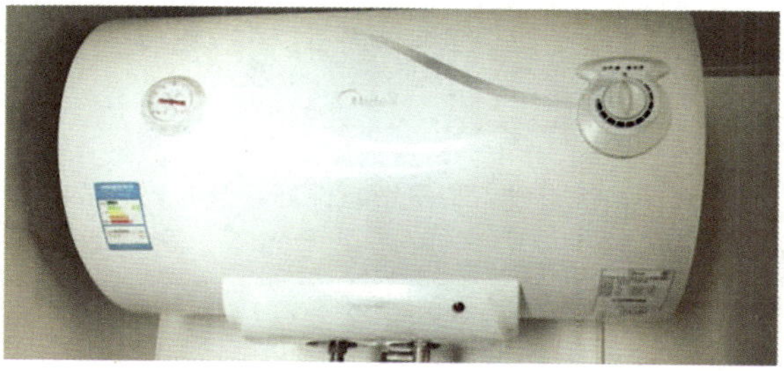

图 6.24 经常用热水应设置在保温状态，节电又方便

七、低碳选用浴霸

(1) 要根据自己浴室的使用面积和高低来选择浴霸。现在市面上的浴霸主要有两个或四个取暖灯泡，其适用面积各不相同。一般以浴室在 2.6 m 的高度，两个灯泡的浴霸适合于 4 m^2 左右的浴室，这主要是针对小型卫生间的老式楼房；而四个灯泡的浴霸适合于 6～8 m^2 的浴室，适合现在的新式小区楼房家庭。

(2) 目前国内浴霸主要有两大类，第一类是灯泡型，其功能是取暖、换气、照明，采用 2 支或 4 支 275 W 硬质石英防爆灯泡取暖，效果集中强烈，一开灯即可取暖，无须预热，非常适合生活节奏快的人群。这种浴霸是专门为已安装好通风扇的浴室或低矮浴室、老住宅浴室而设计的，特点是安装简便。

第二类浴霸是 PTC 材料发热型，PTC 型浴霸由不同规格的 PTC 材料组成，其特点是通过 PTC 材料发热，开机几分钟后，将整个浴室加温，也可换气、照明，选择灯泡型浴霸更节电。

(3) 洗浴时，浴室应密封良好，使浴室易于上升并保温，同时应根据个人情况确定开灯数量，不宜让室内温度过高，以利节电（图 6.25）。

图 6.25　洗浴时，浴室密封性好，升温快、节电

八、低碳选用电吸尘器

（1）电吸尘器一般选用 300～500 W 即可，尽量不选用 500 W 以上的，使用时要注意经常清扫吸尘袋中的灰尘，防止其堵塞，降低效率，浪费电能，甚至烧坏电机。

（2）使用之前要检查。应在每次使用之前，认真检查吸尘器的风道、吸嘴、软管及进风口有无杂物堵塞，若发现有堵塞时，应立刻清除。还应认真检查吸嘴与软管是否接牢，若连接不牢也会使吸尘器漏风，影响吸尘器的吸力造成额外耗电（图 6.26）。

图 6.26　常清除吸尘器的灰尘杂物防堵塞，节电

（3）根据情况换吸嘴。使用吸尘器时，一定要根据地面（地毯或地砖）情况、灰尘的多少来调整风量强弱，并配合适用的吸嘴。如清洁地毯

或地板时应选用地毯、地板两用嘴；清洁墙角或墙边时应选用缝隙吸嘴；清洁书柜或天花板时应选用圆吸嘴；而清洁沙发时应用家具垫吸嘴。吸嘴选用正确可使吸尘器的吸力增强，工作效率增加，还可以节省电能。

九、低碳选用电烤火炉

（1）功率要选择合适。电取暖器都有功率调节旋钮来调节输出功率，选择功率小的不一定就好。因为小功率的取暖器供热能力差一些，不得不长时间全功率运行，而选用大功率的取暖器，开始用全功率升温，再改为小功率保温，可以节约用电。

（2）使用取暖器的房间密闭性要好。凡是使用电取暖器的房间应具备一定的保温条件，室内不应有与外界相通的通风口，为了增加保暖效果，还可在房门和窗户上挂上较厚的门帘、窗帘，以免热量流失。

（3）使用石英管式取暖器时，不能将水溅到电热元件表面，这样会降低可见光和红外光向远红外线转化的效率。当反射罩被尘垢玷污，也会使取暖器辐射效率减退，热量下降。因此要及时清洁反射罩，使之保持光亮。

（4）对流式取暖器的进气口和排气口，要经常检查有无杂物堵塞，如果有应及时排除。PTC 等取暖器的过滤器要经常清扫，一般使用一周后就要清洁一次，否则会影响供暖能力。

（5）采用电热膜的家用取暖器，热效率高、节电、寿命长、无明光、安全可靠，是一种节能高效的新型电热取暖器。

（6）采用温度自控的电烤火炉节电。

图 6.27　远红外自控温电烤炉安全、节电

（7）采用远红外自控温电烤炉，无明光、安全，效率高，节电（图 6.27）。

十、低碳选用除湿机

1. 合理选购除湿机

（1）选购适当功率的除湿机。按每平方米每天除湿 0.24 L 估算，如房间面积 25 m^2，0.24×25＝6（L/天），则可选用 6 L 左右除湿能力的除湿机。无须选用功率太大的除湿机，以免浪费电力。

（2）选购效率高的除湿机。消费一度电能从空气中除去多少水分称为除湿机的能源因子，选用能源因子值大于 1.00（L/度）以上的除湿机较符合节电的要求（图 6.28）。

（3）选购有湿度控制功能的除湿机，一方面可使室内维持一定湿度；另一方面又可节省能源。

图 6.28　选购功率适当效率高的除湿机

2. 合理操作除湿机

（1）摆放位置很重要。除湿机最好置于室内中央位置，除湿机应放置在坚固平坦的地板上，以免产生振动及噪音，同时避免接近发热器具及日光直射。

（2）除湿机运转前，先将门窗关好，以免潮湿的空气进入室内影响除湿效果，使用中应尽量减少门窗开关次数。

（3）周围温度低于 15 ℃时，附着于蒸发器表面的水滴会结冰而使除湿机效果减弱。若周围温度超过 40 ℃以上，系统内压力会增高而使压缩机过载，此时过载保护器应切断线路，否则压缩机马达会毁损。所以除湿机最佳使用温度范围为 15 ℃～40 ℃。空气中的湿度若低于 30%以下，过于干燥亦使人不舒服，所以可用湿度控制器予以控制，使空气湿度维持在 50%～60%的范围。

（4）发生问题及时检修。除湿机由于经常搬动，易发生冷媒泄漏，若压缩机在运转但感觉小风与回风的温度一样，应停止使用，尽早送修以免浪费能源。

（5）定期清洗有必要。至少每两周清洗空气过滤网一次，每隔半年至一年最好做一次定期检查。

十一、低碳用手机

1. 正确使用手机

（1）睡觉时要关手机。睡觉或在家休假时把手机关掉，用呼叫转移接到家中的电话上，能减少手机充电的次数，也就减少了家里电能的消耗。

（2）安静场合用短铃。一般手机都具有长短两种电话铃声的功能设置。在安静的场所或噪音很小的环境使用手机时，选择较短的电话铃声设置，在电话打进来时既可以节电又可以减少手机铃声对他人的干扰。

（3）冬春最好用振动。冬春气温低的时候，人们往往穿得很厚实，如这个时候在户外活动携带手机，有电话打进来，铃声往往不容易被听见。这样的后果就是手机的铃声响的时间过长，并且手机的接通率也低，造成手机电池电量的白白消耗，所以，冷天带手机最好用振动功能，少在户外或寒冷处使用手机。

（4）照明不用最节电。尽量在明亮或有光线的地方使用手机，并关闭液晶显示屏和按钮的照明功能，以便节约用电。在不用手机的时候，最好不要激活屏幕，因为激活屏幕需要的电量与手机通话时需要的电量几乎差不多（图 6.29）。

（5）恶劣天气少使用手机。在出现刮风下雨这样的恶劣天气时，最好少用手机，这样能有效节约用电。因为手机在工作过程中，是通过频率为 1 800 赫兹或 900 赫兹的无线通信微波与手机通信基站联系的。在上述恶劣天气条件下，无线通信微波的传输质量将受到影响，此时要确保通信信号正常传输，手机只好通过加大功率的方法来保护信号的正确传送，而加大功率的直接后果便是导致手机耗电量加大。

图 6.29 不要随意激活手机屏幕，减少耗电

（6）没有网络时应关机。在通信信号较弱的地方，如在地下室或密封性比较好的室内环境中，也应尽量少用手机。因为在密封的环境中进行手机通信时，手机需要多耗费一些功率，来确保信号能正常穿透天花板、墙壁或其他遮挡物。多耗费的功率是以多耗电为代价的，在通信网络无法覆盖、信号比较弱，甚至收不到信号的地方，开机更是白白浪费电能。

图 6.30 移动途中使用手机耗电惊人，少用或不用

（7）移动途中不使用。开车或乘火车出差时，如果使用手机，耗电量会十分惊人。这是因为，手机从一个网络节点移向另一个节点，在手机不断地搜索、连接到新地区的通信网络时，电池的电量也在悄悄溜走，这时如果手机的天线性能不佳，就更会火上浇油（图 6.30）。

(8) 多使用节电模式。大部分手机都具备 DTX 非连续性发射节电模式的功能，开启后，当手机处在暂时不通话状态时，可降低手机发射电波的功率。实测证明，DTX 节电模式，最多可以延长通话时间 30%～50%。

2. 正确保养手机

(1) 手机也需要保养。不少人都认为，手机保养不保养，与手机费不费电无关。其实，手机保养得好，可以确保电池和手机之间的金属触点能可靠接触；如果保养不好，那么金属触点可能会被氧化或被弄脏，这样手机和电池之间就会出现接触不良的现象，这会导致手机耗费更多电量。因此，我们应定期对手机和电池之间的金属触点进行清洁，以确保触点不被氧化或不被灰尘、污渍所覆盖。

(2) 不要整夜充电。有很多人喜欢在晚上睡觉前给手机连上充电线，第二天早上起来再拔下来使用。据测算，手机充电一夜，会浪费 0.02 度电，且过度充电容易引起充电器和手机安全事故（图 6.31）。

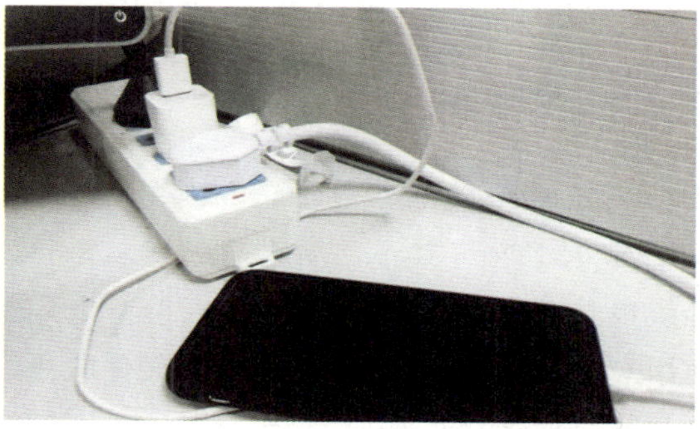

图 6.31 整夜充电既不节电，也不安全

(3) 待机画面用静态图片，不用 GIF 动画。现在的很多彩屏手机都可以以 GIF 动画作为待机画面，这样虽然看起来漂亮，但却会在不经意间浪费大量电能。

(4) 尽量不设按键音。如果没有特殊需要，按键音基本没有多大用处，却会浪费很多电。

十二、低碳选用电热毯

1. 电热毯选择

首先要看电热毯的发热功率，一般有 20 W、40 W、50 W、60 W、70

W、80 W、100 W、120 W、150 W、200 W 等，根据取暖需求选择适合自己的瓦数。其次是选择尺寸，电热毯一般分为双人电热毯和单人电热毯。

2. 电热毯使用

电热毯一般只适合在硬板床上使用；电热毯的铺放方式要合理；应在睡前半小时接通电热毯电源；若有高温挡的，可在睡前半小时置高温挡预热，入睡时再拨到保温挡（图 6.32）。

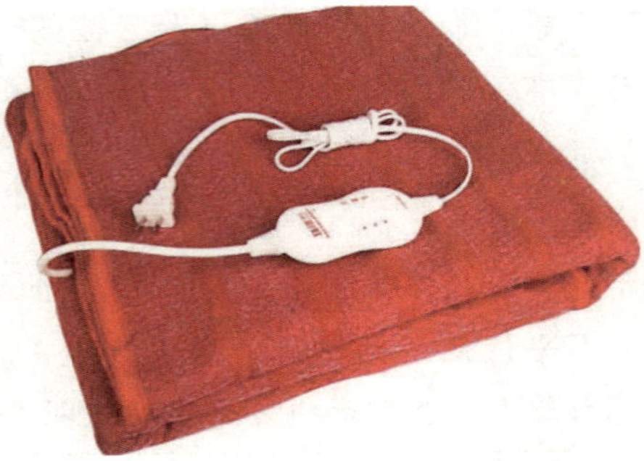

图 6.32　高温挡预热，入睡时拨到保温挡

十三、用电热膜电器节电

（1）电热膜加热技术与其他导电加热材料相比较，有一系列优点：① 比传统电热产品节电 15%～40%，热效率高 10%～35%；② 电热膜本身的价格低于传统电热元件；③ 电热膜产品可小型化、轻量化；④ 电热膜安全性好，使用寿命长，使用寿命是传统电热元件的几倍。

（2）由于电热膜与加热物体是面结合，热量无预热损耗和传递损耗；同时，电热膜本身很薄，不储热，本身温度不高，无辐射热损失，所以电热膜是一种节能高效的新型电热元件。电热膜在家用电器，尤其是在电热器具中应用最多。据国外资料介绍，电热器具占家用电器总数的 30%左右。在工业发达国家，电热器具在家庭中的使用量远远超过其他家用电器产品的总和。电热膜已经成功地应用于电饭锅、电炒锅、电热水瓶、电热毯、电取暖器、干燥器、电热按摩器等。由于电热膜热效率高、节电、寿命长、结构简单、成本低、使用时无明光、安全可靠，因此其他应用范围将进一步扩大，将会在相当多的领域里取代传统的电热元件。

十四、提高家庭功率因数节电

由于家用电器功率因数大都较低，造成线路无功电流较大，从而造成设备和供电线路损耗较大，造成能源的很大浪费，因此，要选购功率因数高的家电，或进行适当的人工补偿，以提高家庭的功率因数，从而节电。

十五、移峰填谷节电又降费

很多地方按尖峰、高峰、平段、低谷四个时段向用户收取电费，尖峰用电收费为平段用电收费的190%，低谷为平段的40%，高峰为平段的140%，还要考虑一年丰枯水季节用电电费高低不同（枯水季节电费上浮）。所以，家庭用电应按季节性、时段性用电特殊要求，结合自身实际情况相应调整尖、峰、平、谷电设备的使用。大功率设备如洗衣机、烘干机、电热水器、电高压锅、电饭煲、电开水壶、浴霸等家用电器尽可能安排在低谷电、平段电期间使用。移峰填谷既可节电又降低电费。

十六、降低线路接触电阻节电

家庭供电系统有数十个电气接头，由于诸多原因造成的电接头松动，或有腐蚀气体和灰尘进入电接头而造成接头腐蚀、氧化，会使电接头接触电阻大增，电能损失很大，甚至因接头高热发生电气事故和火灾，故应定期检修触头并在接头处涂敷导电膏，以恢复接触电阻，节约电能（图6.33）。

图6.33 检修电触头，降低接触电阻，节电

十七、用太阳能热水器节能

太阳能是取之不尽用之不竭的清洁能源，是国家重点发展的能源。使用1 m^2的太阳能热水器，一年可节能 120 kg 煤，减排 308 kg CO_2。一个家庭按 3 m^2 计算，一年可节煤 360 kg，减排 924 kg CO_2（图 6.34）。

图 6.34　安装太阳能热水器节能

十八、用太阳能光伏发电节电

一个三口之家安装分布式光伏发电并网系统，投资不大，还可享受光伏发电电价国家补贴，多余电力可上网出售。光伏发电并网系统寿命长，基本上不需要维护（图 6.35）。

图 6.35　太阳能光伏发电

第二节　低碳用水

节约一吨自来水就相当于节约 1.15 度电（自来水厂的水是从河、湖、地下水中由电动水泵抽上来的）。高层住宅楼的用户，自来水还需要二次加压，耗电更多。

一、水龙头节水

（1）洗碗池、洗漱池、大小便池等处用节水型水龙头（如感应式、延时自闭式或脚踏式水龙头）替换旋转式水龙头。旋转式水龙头容易处于常开状态，一年将导致上千吨水白白流失，用节水型水龙头可有效避免这些现象，从而显著节水。

（2）选择节水龙头，不能光看外表设计是否新鲜时尚，而要特别注意看阀芯的质量。市场上常见的水龙头阀芯有三种：不锈钢球阀芯，陶瓷片阀芯和轴滚式阀芯。三种阀芯的共同点是具有整体性，整个芯轴为一体，安装、维修、更换都很方便。其中陶瓷片阀芯价格低，对水质污染较小，但陶瓷质地比较脆，很容易破裂，不建议采用。轴滚式阀芯的水龙头，把手转动很流畅，操作简便，产品耐老化、耐磨损，比较理想。最好的是采用球阀制成的水龙头，这是公认的节水方面做得最出色的产品。特别是不锈钢球阀和铜球阀，很多高档卫浴产品都采用它作为其最新水龙头产品的阀芯，它可以控制水温，确保热水迅速且准确地流出，既省水又节能（图 6.36）。

（3）低流量水龙头最省水。一般水龙头的流量每分钟大概在 12～20 L，如果装上低流量的水龙头，则可以减少一半的流量。而且这种装置在水流出的同时会压入空气，所以能维持适当的水流速度，不影响洗涤的效果。使用低流量水龙头，平均每个家庭每天就可以节省 200 L 以上的用水量。

图 6.36 采用球阀式水龙头，节水

(4) 将全转式水龙头换装成 1/4 转水龙头。选择节水龙头关键要看开关的速度，比起普通水龙头，行程短的控制开关自然就缩短了水流的时间，缩短水龙头开关的时间就能减少水的流失量。

(5) 安装洗涤两用节水喷头是节水的好方法。这种喷头可直接安装在家庭厨房水龙头上，需要洗刷时，拨动小手柄，水流即改变为喷洒状态，使洗涤面积扩大 4 倍，这样不但防溅，而且还能加快洗涤速度。反向拨动小手柄，水流又能集中，水流通过过滤片时减慢流速，可减少 1/4 的用水量。使用这样的喷头不但能享受高质量的生活用水，而且既节水，又实惠。

(6) 控制水量有妙招。用水时，勿将水龙头开到最大，只要旋转或扭开至适当范围即可，养成有意拧小水龙头的习惯。在水压较高的地区，还可以采用调整自来水阀门的办法来控制水量。

(7) 滴漏水龙头及时修。滴漏的水龙头每天可耗水 70 L。如果是连续成线的小水流，每天可耗水 340 L。水龙头如有漏水现象，在不能及时买到新的橡皮垫圈的情况下，可临时用小药瓶的橡胶盖剪一个大小合适的垫圈放进去，可以保证滴水不漏。

(8) 采用感应式水龙头。这种水龙头节水效果很好，当手离开时，水阀就会自动关闭。与常规水龙头相比，可节水 35%～50%。

二、做饭菜节水

（1）在日常生活中，厨房用水约占家庭全部用水的1/5。淘米、洗菜是家庭生活中最普通、最日常的工作，而其中节约用水的窍门也有许多。一般情况下人们洗菜时，会先将菜全部放入清水中浸泡，然后清洗菜上的污物，再用清水冲洗几遍。这样用水较多，一般要用5～10 L清水，然而洗过菜的水并不是很脏，也就白白地流进了下水道。这里介绍一种节水洗菜法：先择菜，将认为不能食用的部分去掉，只洗有用部分；对土豆、胡萝卜之类的蔬菜先削皮，后冲洗；洗菜时一盆一盆地洗，尽量少用水龙头冲洗或只在最后冲洗一遍。这样每次洗菜可节约清水5 L左右。一个家庭每天洗菜3～5次，一年下来，其节水量是非常可观的。每天淘米也一样。不要多次淘洗，2～3遍即可洗净。冲洗时再打开水龙头，用后及时关闭，并控制水龙头流量适中，这样也能节约大量的清水。

（2）用淘米水洗菜有利于除去蔬菜表面的农药。用淘米水、煮面条水、食用碱水洗碗筷，易于除去碗筷油污。洗完菜的淘米水可用于浇花草。洗菜、洗碗、洗抹布水可收集起来用于冲厕。少用洗涤灵，既减少污染又可节水（图6.37）。

图6.37 淘米水用途广

三、洗浴节水

（1）改盆浴为淋浴。淋浴5分钟用水仅是盆浴的1/4。淋浴时应避免长时间冲淋，可先从头到脚淋湿一下，然后关水，全身擦肥皂，然后一次冲洗干净，则只需用水量 34 L。若淋浴时水长流，则用水量是 95 L（图 6.38）。

图 6.38 淋浴比盆浴更节水

（2）连续洗澡可节水。家中多人需要淋浴，可几个人连接洗澡，能节省热水流出前的冷水流失量。这样做不但省水，而且节电或省煤气。

（3）秋冬季节洗澡不宜太频繁。过于频繁地洗澡不仅浪费水，对皮肤的健康也没有好处，尤其是在干燥的秋冬季节。因为沐浴液在除去皮肤上的油脂和皮屑的同时，还会使身体上保护皮肤的皮脂被洗掉，这样人就会感到皮肤干燥紧绷。如果洗澡频繁，感觉会更加明显。所以秋冬季节每星期洗澡以 1～2 次最为适宜。

（4）采用新型淋浴喷头洗澡，节水效果好。这种喷头的节水原理是：利用专业技术把水粉碎成千百万个细小的颗粒，并混合空气，形成淋浴流。传统喷头喷出的水流是线形的，而该喷头喷出的水流是颗粒状的，由一颗颗细小的水珠组成一串串水流，虽然水流量减小了，但给人的感觉却与传统喷头没有差别，可节水 40%～50%。

这种节水喷头主要有两种：一种是每分钟水流量稍多一些，喷出的水较有力，适合年轻人选用；另一种是涡流喷头，根据流体动力学和涡流增压原理研制而成，水流量稍小一些，喷出的水较柔软，水雾大，与普通淋浴头相比出水压力增加 25%，具有节水、节能、不结垢、增压、按摩、磁化理疗等功能特点，适合老年人和婴幼儿使用（图 6.39）。

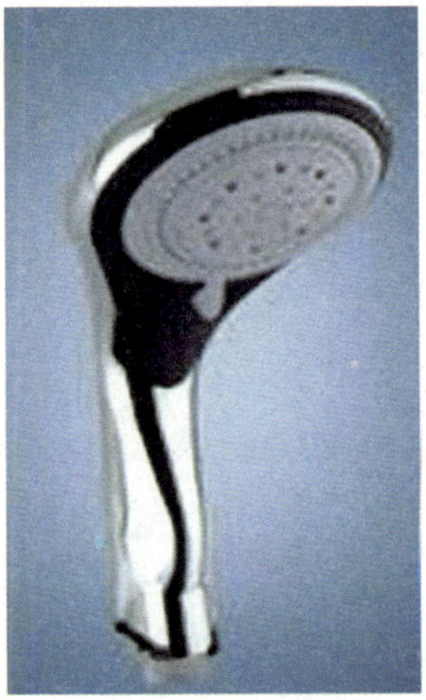

图 6.39 新型淋浴喷头节水显著

四、坐便器节水

（1）据用水管理部门测算，城市家庭冲洗厕所用水量约占家庭总用水量的 1/3 左右。因此，在保证卫生清洁的前提下，家庭厕所节水大有文章可做。许多家庭中安装的老型号抽水马桶，其容积一般为 9～12 L，有的达 15 L，而冲厕所时用 6 L 水就能冲洗干净。如果将它们全部换掉又会造成不小的浪费。那么，能否考虑在不更换抽水马桶的情况下，达到同样节水的目的呢？其实很简单，就是压缩水箱的容积，在水箱中放几只装满水的瓶子或砖块。根据水箱大小，多的可放 3～4 个，少的也可放 2 个。这个方法简单易学，材料随处可见，收到的成效也非常明显。

（2）采用新型节水器具，节水效果很明显。为了有效节水，国家颁布了新的卫生洁具标准，要求家庭新装修时应采用 6 L 的标准水箱。

（3）当前新型节水器具主要采用 3/6 L 双键水箱。这种双键水箱可以根据需要冲出 3 L 或 6 L 的水量。按一家 5 口人计算，仅采用 3/6 L 马桶一项，每月可节约自来水 2 000 L，还能减少 2 000 L 污水的排放（图 6.40）。

（4）海水冲厕，是节约淡水的好办法。在一些沿海城市或岛屿，特别是在海边开发建设的一些集中的住宅小区，可以利用地理优势，建设一套用海水冲洗厕所的独立供、排水系统，可节约大量的淡水资源。

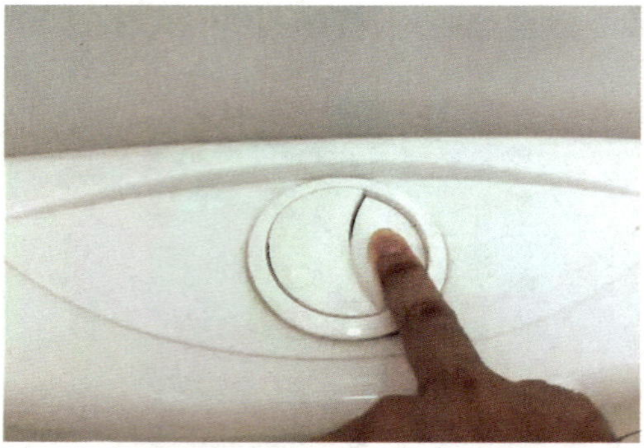

图 6.40 新型节水器具节水效果好

五、洗漱节水

（1）选用新型的能向上喷水的水龙头洗脸，既舒适又节水。这种具有向上喷水功能的节水龙头在结构上采用了双出水孔换向阀芯，并专门设计了一种带保护盖的调节阀，其特点是上下都能出水，可以随意调节喷出的水柱高度。当需要洗脸时，只需改变换阀的方向，调节好喷水的水柱高度，就可以得到最适宜洗脸的喷泉，方便洗脸同时实现节水功能。这样，既减少了洗脸时出现交叉感染的可能，也可节约 70%的洗脸用水，可谓一举多得。

很多人用毛巾捧水洗面，水龙头流出的水多，而真正捧起来洗脸的水少，水的利用率很低，浪费量很大。根据有关部门测算，一般每次捧起来的水还不到水龙头出水量的 1/8，大量的水都白白地流进了下水道。比如对一个 3 口之家分析，按每人每天洗脸 3 次计，每次洗脸假定为 3 分钟，用普通的水龙头长流水洗脸，则每家每天用水量为 216 L；用洗脸盆接水洗脸，则每家每天用水量为 36 L；用新型喷水式水龙头长流水洗脸，则每家每天用水量为 108 L（表 6.2）。

表 6.2 几种洗脸方式用水量比较

洗脸方式	普通龙头长流水	新型水龙头长流水	洗脸盆接水	备注
日用水量/L	216	108	36	3 人、一天 3 次、一次 3 分钟计
年用水量/L	78 840	39 420	13 140	一年 365 天
年节水量/L	0	39 420	65 700	与普通的长流水方式比较

(2) 使用固定器皿装水洗脸、漱口、洗手、刮脸等。许多人习惯用流动水洗脸，认为那样省事又卫生。其实，只要定期清洁脸盆装水洗脸一样卫生。刷牙同理，许多人习惯边放自来水边刷牙，这样不间断放水 30 秒，用水量约 6 L；如果让水龙头开着 5 分钟，则要浪费 60 L 水。用口杯接水，3 口杯水就可以满足一次刷牙需要，关了水龙头再刷牙，只需要 0.6 L 水，比长流水刷牙节水 90% 以上。洗手时水长流用水量是 8 L，如果用盆洗，用水量是 4 L，可节省水量 4 L。男士刮脸时水长流用水量是 76 L，如果用水池里的水，用水量为 4 L，可节省水量 72 L。

六、自家建个废水库

用塑料桶、废水池等建废水库，将洗菜、洗米、洗衣、洗澡、洗脸、洗头等废水储存起来用于冲厕所、拖地、洗车等，一水多用，三口之家每月可节约三吨水。

七、其他方面节水

(1) 在自家花园中种植抗旱植物可节水。

(2) 清理地毯法由湿式或蒸汽式改成干燥粉末式，可节省用水。

(3) 尽量用桶涮拖布。很多人开着水龙头涮拖布，这样的确洗得干净，但水的浪费量很大。不妨改用桶接水洗，洗过拖布的水还可以再冲马桶，可谓一举两得。也可以买一个带有拧拖布功能的桶，既能省水，还免去了用手拧拖布的麻烦。

(4) 浇花省水。

① 养鱼水浇花。鱼缸每天都要换水，而花草也得每天浇水，这样每天都要用去很多水。用鱼缸换下来的水含有剩余饲料，用它浇花，可增加土壤养分，有利于花卉生长。

② 淘米水浇花。淘米水中含有蛋白质、淀粉、维生素等，营养丰富，用来浇花，会使花卉更茂盛。

③ 煮蛋水浇花。煮蛋的水含有丰富的矿物质，冷却后用来浇花，花木长势旺盛，花色更艳丽，且花期延长。

(5) 空调滴水变废为宝。空调滴水不仅造成水的浪费，还容易引起邻里不和。其实采用一个简单的方法就可解决这个问题：把空调排水软管引入阳台并集中排放在固定容器中，一晚上使用空调滴下的水能接一桶。这样做既不影响他人，收集起来的空调水还能用来拖地、浇花等，可谓一举两得。据粗略估算，一台功率为 2 匹的空调，在酷暑季节每天开 6 小时，平均每小时可回收 3 L 左右冷凝水，每天就可回收冷凝水 18 L。一个夏天，按使用空调 60 天、每家按一台空调（功率为 2 匹）来算，可回收 1 水吨左右。对于一个中等城市，按全市 60 万户计算，一个夏天就可回收 60 万吨水，这不仅关系到经济效益，其社会效益也是很大的。

（6）剩茶水再利用节水。

① 剩茶水可用于浇花草。剩茶水所含的物质花草也同样需要，所以用它来浇花一举两得。但不宜浇如仙人球之类的碱性花卉。

② 剩茶水洗脚不仅可以除臭，还可以消除疲劳。洗脚前把剩茶水倒入脚盆，洗脚时就像用了肥皂一样光滑，洗后轻松舒服，还能缓解疲劳。这是因为剩茶水中含有微量矿物质，以及氨基酸、茶绿素之类的物质（图 6.41）。

图 6.41 剩茶水用处大

③ 用剩茶水擦洗门窗和茶具比用清洁剂效果还好。

④ 用洗发液洗净头发后，再用茶水洗一遍，坚持一段时间后能使头发乌黑亮丽。

第三节 低碳用气

一、低碳选用灶具

1. 灶具正确选择节气

(1) 灶具的选择要适宜。锅的种类及大小要选择适当，要与炉眼大小相匹配，小锅配小炉眼，大锅配大炉眼。炒菜做饭的用具不需要太大，太大的用具会使加热时间增长，散热面积增加，浪费燃气，一般煮东西时，选用锅底较大的平底锅可更有效地利用燃气（图 6.42）。

图 6.42 平底锅做饭菜比其他锅更节气

(2) 选择省时节气的炊具，如高压锅等。

(3) 选择较薄的铁炊具代替既厚又笨重的铸铁锅。

2. 灶具正确安放节气

(1) 灶具要放在避风处，以始终利用火焰外圈。火焰外圈由于充分接触空气，燃烧充分，温度最高，故应防止火苗偏出锅底外缘，让火焰分布面积与锅底相平，可加快传热省气。

(2) 灶具安装位置应保持良好的通风。灶具在燃烧时需要消耗一定量的氧气，同时将废气排在室内。如果能保证厨房有良好的通风条件，满足灶具耗氧的需要，则既避免了一氧化碳对人体的危害，又保证了灶具的额定负荷，做饭时间不延长，相对也能减少燃气的浪费。

3. 灶具合理使用节气

（1）锅上盖锅盖，饭菜熟得快。锅盖可使热量保持在锅内，饭菜可以熟得更快，不仅节省燃气而且饭菜味道也更鲜美，还可减少水蒸气的散发，减少厨房和房间里结露的可能性（图 6.43）。

图 6.43　锅上盖锅盖，饭菜热得快，节气又美味

（2）调整风量可节气。应随时调整风量，使灶具火焰清晰、燃烧稳定、保持纯蓝色。天然气、煤气或者液化气灶具燃烧时有时会因进风量不足而出现黄火苗，说明燃烧缺氧，这样会因燃烧不充分而造成燃气的浪费，此时应加大进风量，使其燃烧充分。若产生“脱火”现象，则说明空气过多，此时可适当调整灶具风门，降低进风量（图 6.44）。

图 6.44　使灶具火焰清晰、稳定、纯蓝色

（3）火不是越大越好。一些人认为炒菜做饭，燃气灶上的火开得越大，加热速度越快。其实不然，火并不在于猛，而在于适度。火的大小要和锅合适，锅小火大的话，火焰就会越出锅的边缘，这样只会白白消耗燃气热能，而不会缩短做饭的时间。若火小锅大，锅中的食物则不能得到快速加热。炒菜时火焰刚好布满锅底就能达到最佳的烹饪效果。烙饼应用小火，熬汤或炖煮食物应先开大火，待水开后把火关小，保持微沸即可。

（4）制作挡风罩聚火力。在日常烹调中常常出现因空气流动导致火苗不稳的情况。如果有风把火焰吹得摇摆不定，可以做一个“挡风罩”放在灶具上，这样能保证火力集中，避免热量散失。制作方法如下：取金属（铁、铝、搪瓷）脸盆一个，去底；或用镀锌铁皮围成一个与灶口面积大小相近的圈，接口处以咬口相接，侧面留一个进风口（也称望火口）即可。使用时将它扣在灶上。

（5）蒸锅水不宜放太多。蒸东西时，蒸锅水不要放得太多，否则，烧开水时间会拉长，一般以蒸好后锅内剩半碗水为宜。这样做，可最大程度地节约燃气。

（6）提前关火节燃气。使用高压锅煮东西时，达到高压就把火关小，至煮得差不多熟就提前 10 分钟关火，但不要立刻冷却打开，利用里面的热气继续煮熟食物，这是一个节约燃气的好方法。

图 6.45　去除水壶中的水垢，省气

（7）烧水节燃气：烧水时越接近沸点需要的热量越大，消耗的燃气就越多，故烧热水时，不要将水烧开后再兑冷水，要直接将冷水烧至需要的温度。用大火烧开水比用小火烧开水省气。因为用小火烧开水时间更长，向周围散失的热量更多，反而要多耗气。

（8）去除水壶中的水垢，可提高加热效率，延长水壶使用寿命，节省燃气（图 6.45）。

（9）合理使用灶具架子，其高度应使火焰的外焰接触锅底（壶底），这样燃烧效率最高。

（10）灶面与炉底距离有讲究。炉具不可贴着灶面放置，至少应保证炉灶面与炉底之间有 3 cm 左右的间距。这个间距是煤气与空气（氧气）在炉外混合的必要空间。如果间距过小，会导致空气量不足，燃烧不够充分，且会由于火焰温度低、烹饪时间长而导致煤气的浪费。同时，不充分燃烧也会生成有害气体，妨害健康。

（11）选用高压锅蒸煮饭菜，比用普通锅蒸煮饭菜更省气省时保营养。锅底直径越大，火焰传导给锅底的热量越多，热量散失则越少，所以应选择锅底直径较大的炊具（图 6.46）。

图 6.46　焖饭（高压锅）比蒸饭省气显著

4. 灶具正确维护节气

（1）定期检查燃气设施管道、胶管，防止燃气泄漏带来的危险和浪费。怀疑某处管道漏气时，用肥皂水滴在上述部位，观察该处是否有气泡产生，即可判断是否漏气。

（2）保持锅底干爽、清洁，做饭之前先把锅、壶等表面的水渍抹干再放到火上去，这样能使热能尽快传导进锅内，从而达到节约用气的目的。特别是铁锅用久了，锅底会积一层黑色脏物，要经常刮掉，否则脏物会起隔热作用，浪费燃气。

（3）保养灶具，清理积炭。灶具使用时间长了，有时出现火苗变小、火苗发红、灶头发黑等现象。这是油污和积炭掉入燃烧器小孔或喷嘴里造成的。所以平时应注意对灶具部件的保养，及时清除油污积炭，使火苗保持正常燃烧状态，这样可以保证燃气能够充分燃烧，从而节约燃气（图6.47）。

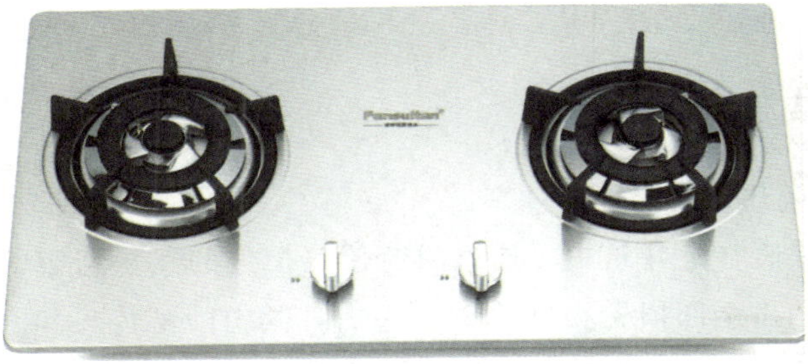

图 6.47　清洁灶具，节约燃气

二、燃气热水器节气

（1）选用可调节燃气量的冬夏型或恒温型热水器，安装时靠近用热水处，避免热水管道过长。定期清除换热翅片上的灰烬，可防止其堵塞燃烧烟气通道带来危险，也能提高换热效率。

（2）满足国家标准规定的家用燃气热水器的热效率都大于 80%，比燃气灶具的热效率高 45%～60%，所以用前者加热用水比后者烧热水省气省钱。

（3）用燃气热水器洗浴时，淋浴比盆浴节省燃气一半以上。

三、其他方面节气

（1）使用节能焖包可省气 30%～50%，使用普通高压锅时，关火后锅内的余热很快就会散掉，煮米饭待高压锅冒气后，还须煮 5 分钟才熟（炖肉还需时间多一点）。若使用焖包，只要高压锅一冒气就可关火，把高压锅放入焖包等待锅内余热将食物煮熟（米饭 5 分钟，肉要 30 分钟）。焖包可自制（大小与高压锅相同，材料用隔热耐热的地毯、海绵等）。

（2）使用燃气采暖炉的用户，室温设定≤20 ℃。

（3）采用太阳能热水器，可节约大量的液化气（或电能）。

第四节 低碳装修

一、门窗低碳装修

1. 门窗隔热保温节能

通常在采暖住宅建筑中，通过门窗传热损失的热量与空气渗透损失的热量相加，约占全部损失热量的50%左右，其中门窗传热和空气渗透约各占一半。因此，门窗的保温性能和气密性对采暖能耗均有重大影响。

(1) 采用节能门窗节能。

近年来，我国市面上各种类型的保温节能门窗大量涌现。其中，聚氯乙烯塑料门窗（因框料内附有薄壁方钢，故又称塑钢门窗）的保温性能和气密性都较好，外形美观，使用寿命达20年以上（图6.48）。

图6.48 塑钢门窗的保温性能和气密性好

此外，玻璃钢框料中空玻璃窗和铝合金框隔热中空玻璃窗，其保温性能、气密性及其他功能也较好。采用这类保温节能门窗对改善室内热环境和节约采暖能耗均有显著效果。

热反射镀膜玻璃能有效限制太阳光直射辐射热进入室内，用于夏季光照强烈的地区隔热作用十分明显。这种玻璃的主要特点是具有减少辐射传热的功能，从而有效降低玻璃的传热系数。应根据不同地区的气候特点合理选择使用镀膜玻璃，以达到最佳节能效果（图 6.49）。

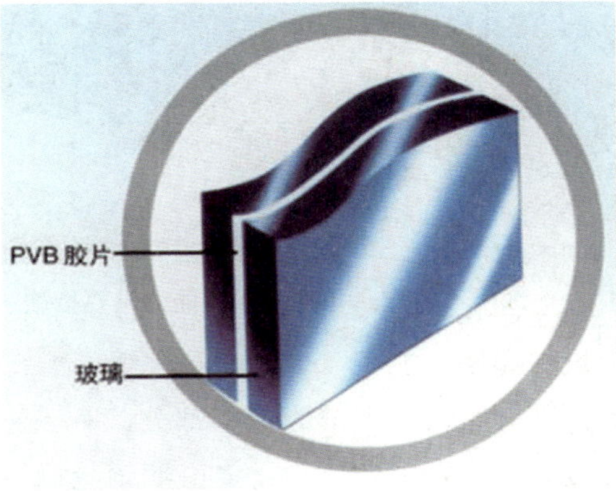

图 6.49 热反射镀膜玻璃节能

（2）采用门窗密封条隔热保温节能。

一些门窗由于制作和安装质量不良或者密封条变形、破裂、脱落或出现缝隙，使门窗透风量大，在刮大风时空气渗透尤为严重，造成室内冬季寒气逼人，夏季热气逼人。门窗缝隙是造成能源浪费的一大漏洞。

在建筑节能的多项技术措施中，采用门窗密封条效益较高且费用较低，同时使用方式又最为简便，住户容易自己动手安设。因此，门窗密封条成为建筑节能的首选技术措施。如果你家已安设了门窗密封条，那么在每个冬季到来以前，都应该检查一下密封条是否仍然有效。做法是在刮风的日子，把手掌伸到接缝处，看能否感觉到有冷风吹过。如果密封不良，应及时更换。

更换方法有的是自黏的，可以自行黏结在框和扇上；有的是嵌入门窗的留槽内；有的则采用钉子钉固的方法。还有的是用一种硅基的密封膏，挤注在清理好的缝隙中，然后抹平。这种密封膏有一定的弹性，可保持长时间密封而不开裂。

归根到底，所用密封条的类型和规格要与自己的门窗情况相适应，才能达到良好的效果（图 6.50）。

图 6.50 门窗密封条是房屋节能的重要措施

(3) 阳台门架设保温层节能。

阳台门一般由两部分组成，上部为透明部分，有采光作用；下部为门心板，为不透明部分。过去，阳台门心板多由薄钢板制成，冬天冰凉，夏天炙热，对保温隔热及室内热环境产生不良影响。对此，阳台门心板内部夹入保温板或外贴高效绝热材料保温，这样在冬天能够减少向室外散热量，有利于节能。而且由于增加保温措施的阳台门，冬天内表面温度升高，夏日内表面温度降低，使人体接近时不会产生不适感。

一些住户在房屋装修时拆掉了阳台门，或者是不安装阳台门。由于一般阳台都是外挑出的，节能措施相对薄弱，这样就增加了房屋采暖空调的能耗。所以，应该在阳台周边板和底板处增设保温层，并采用中空玻璃窗和遮阳窗帘等节能措施，以减少建筑采暖能耗。

(4) 窗户采用遮阳设施节能。

窗户使用遮阳设施，可以使住宅的隔热性能大大提高，夏季需要开空调降温的时长相应减少。比如说，在夏天，可能有的房子需要开 12 小时的空调以保持室内温度舒适，如果房间的窗户遮阳做得好，并且房屋采用了很好的隔热材料，那么空调只需开 8 小时就够了。

① 采用外遮阳比内遮阳更节能。根据遮阳设施与窗户的相对位置，遮阳可分为内遮阳和外遮阳两大类。一般说来，外遮阳的效果要比内遮阳好得多。因为内遮阳是将已经透过玻璃进入室内的太阳辐射再反射出去一部分，而外遮阳则是将绝大部分太阳辐射挡在窗外（图 6.51）。

选择使用内遮阳还是外遮阳应根据具体情况和条件而定，例如在北方地区，由于夏季比较短，遮阳的需求不是很大，一般使用窗帘、百叶卷帘等都比较简单的内遮阳设施就可以了。而在南方地区，由于夏季很长，太阳辐射又非常强烈，多付出一些代价，安装和使用外遮阳设施是值得的。

图 6.51 外遮阳节能

② 采用活动的百叶窗帘隔热节能。活动百叶窗帘分为水平式和垂直式两种。水平式对来自上方的太阳辐射更有效，易于用来遮挡南向辐射，而垂直式百叶窗帘对阻挡水平方向的辐射效果更好，对于防西晒比较有效。有些生产厂家将百叶窗帘等装在窗户的两层玻璃之间，这样窗户的内外两侧都不再需要增添其他的遮阳物（图 6.52）。

图 6.52 百叶窗帘节能

有的百叶窗叶片还有吸热面和反射面两个不同的表面，冬季白天使吸热面朝外吸收热量提高室温，夏季则使用反射面朝外以遮挡日照。智能百叶窗帘还可以自动调节。由此可见，只要百叶窗帘制作和使用得当，就可以创造出舒适性更好的室内环境，并起到节能作用。

③ 采用短窗帘隔热保温节能。一般家庭和宾馆的窗户上都安有窗帘，不少家庭和宾馆还流行安装长窗帘，即落地窗帘，认为这样显得很气派。冬天夜间气温较低，外出者回家，正是更需要采暖的时候，这时把窗帘拉上，由于目前暖气大多安装在窗下，而落地窗帘恰好又把暖气片遮在窗帘外，就使大量热量通过窗户散向室外，进入房间的热量就少了。这种做法既浪费热量，也降低舒适性。应提倡采用把窗户盖严的短窗帘。

④ 窗帘材料选择合适节能。太阳辐射中的能量有一半集中在可见光波段，这造成了建筑半透明围护结构及窗帘选择上的“两难”：要充分利用可见光实现室内自然光照明，减少电气照明能耗，但同时会带来更多的太阳辐射能量，增加空调能耗，而选择太阳热辐射透过率低的窗玻璃及窗帘，会减少可见光照明，增加电气照明能耗，照明散热量又会加大空调负荷。因此，要选用合适的窗帘，如夏季选用纱布窗帘等，实现隔热与有效利用太阳能的科学结合（图 6.53）。

图 6.53　夏季选用纱布窗帘，实现隔热

⑤ 选用热反射窗帘节能。热反射窗帘是在化纤布表面镀上厚度不足千分之一毫米的特种金属后制成的，此种窗帘冬天能保温，夏天可隔热，使居室冬暖夏凉，能耗减少，而且美观实用，价格便宜。

热反射窗帘布的反射率为60%～80%，挂上这种窗帘后，冬天时从室内人体和物体辐射到窗帘上的绝大部分热量，都会被窗帘反射回来，这样，与不挂此种窗帘的房间相比，冬天室温就会提高。夏天时，太阳光和周围物体向室内辐射的热量也主要是通过窗户进入的，白天挂上热反射窗帘，就可以将大部分热量反射回去，以保持室内阴凉。到了夜间，室外气温降低，就可拉开窗帘，让凉风进入室内。

⑥ 采用遥控电动遮阳软帘节能。使用遥控电动遮阳软帘，夏季降下遮阳软帘可有效阻挡太阳辐射能，降低空调热负荷，冬季升起遮阳软帘又可充分吸收太阳辐射能，降低空调供热负荷，从而起到节能降耗的作用。

二、加强屋面和外墙的隔热保温节能

居住建筑室内的热量和冷量的三分之二是通过外墙和门窗散失到室外的，这直接关系空调用电多少和居住的舒适性，所以屋面和外墙保温隔热至关重要（图6.54）。

图6.54　新型保温隔热墙体

（1）屋面和外墙表面做白色或浅色饰面，以降低表面对太阳辐射热的吸收。

（2）屋面设置架空通风层，以减弱太阳辐射对屋面的直接照射。

（3）外墙增加保温措施（如粘贴聚苯板或喷涂聚氨酯等）。

（4）在外墙内侧加轻质高效保温隔热层（如贴保温板或抹聚苯颗粒胶粉等）。

（5）在屋顶（或顶棚）内表面贴低辐射系数材料（如铝箔等），以降低屋顶内表面与人体之间的辐射换热。

三、暖气片（散热器）正确安装节能

1. 使暖气产生良好的对流节能

接触散热器的空气吸收热量后，温度将提升，密度降低，因而对流上升，由下部温度较低的冷空气对流加以补足，如此反复循环。在散热器上部没有阻挡情况下，温暖的对流空气会一直上升到天花板，然后再在天花板处盘旋，降温后折转而下，造成室内顶部温度高，下部温度低。可在散热器上部 15～20 cm 处设置隔板，使加热后的热空气在隔板的引导下流向房间的中央，正好为人们站立、行走或静坐工作、休息的高度，使室温较为均匀，也较为舒适。要注意隔板靠近墙壁处不要留有缝隙，应该密封严实，否则热空气会沿缝隙流动上升，降低制热效率，热空气上升所携带的灰尘也会在墙面上产生不雅观的污迹（图 6.55）。

图 6.55　散热器上部 15～20 cm 处设置隔板，有效利用热能

2. 在暖气片后安设热反射板节能

暖气片即散热器一般靠墙安设，通上暖气后，离暖气片很近的那部分墙体会被烤热，即靠近暖气片的墙体的内表面温度要比其他部分墙体的内

表面温度高，因此，这部分墙体往外传送、散失的热量也比其他部分墙体多。散热多了，自然会使室内温度降低。如何用简易可行的方法使此处墙体散热量减少，从而使室温得到提高呢？在暖气片后的墙面贴上热反射板（或膜）就是一个经济简便的好办法。热反射板一般由塑料片镀覆以热反射材料制成，安设简便，只需将暖气片后的墙面清扫干净，用双面胶带粘上就可以了。暖气片后墙面贴上热反射板后，此处墙体向外传热量减少，也就是起到了增温节能作用。墙体保温性能越差，热反射板的增温节能作用就越突出。因此，在我国目前墙体保温性能普遍不太好的现状下，加设热反射板不失为一个增温节能的好办法（图 6.56）。

图 6.56 暖气片后的墙面贴上热反射板，充分利用热能

3. 暖气片前不应放置家具

有些家庭或办公室，在散热器前面放上沙发、床或者桌子等家具，使沙发靠背、床头或者桌子抽屉将暖气片一部分甚至全部遮挡住。这样布置家具的结果，是使散热器周围的空气对流受到阻碍，散热器发出的辐射热也被家具遮拦住了。如此，即使暖气片温度很高，其热量也难以向室内自由散发，还会烤干家具的木材使其扭曲、开裂。所以，建议摆放的家具有碍暖气片散热时，请把家具重新布置一下，把靠暖气片附近的家具搬开，让散热器真正起到散热作用。

4. 暖气片上不应放置暖气罩

为了使房间美观，人们在房屋装修时一般都会安装暖气罩。再加上暖气罩后，人们会发现房间比过去冷了很多，这是为什么呢？这是因为散热器被暖气罩封闭，就难以通过对流放出热量。再者，散热器发出的热辐射是直线进行的，如果散热器被罩起来，那么散热器的热量就只能辐射到罩的内表面，再通过加热罩的外表面，进行二次辐射，辐射热大为减少。

四、利用庭院植树做到夏凉冬暖

庭院植树对室内起到夏凉冬暖的作用，一是由于树木吸收太阳辐射热，通过光合作用，把空气中的二氧化碳和水变成有机物，并从根部吸收水分，通过叶面蒸发，降低空气温度。二是繁茂的树木在夏季有良好的遮阳作用，而在冬季树木落叶后仍可透过阳光，由于太阳倾斜角大，射入室内较深，室内获得太阳辐射热较多。三是树木有引导风向及挡风作用。按照当地不同季节的主导风向，成排栽种的树木，可引导夏季凉风进入建筑物，而在北面及西北面栽种的树木则可降低风速，起到挡风作用。

所种植的树木，宜选择长得较高、枝叶伸展较宽，夏日茂盛、冬季落叶的乔木。根据朝向、宜林地区的不同，适宜选用的树木种类并不相同，其布置也有区别。

庭院植树要注意的问题，一是不要把树木种得靠房屋太近，以免树根破坏房屋基础；二是不宜把大乔木、大灌木正好种在窗口，以免影响视线、采光和通风。

五、利用爬墙植物或攀藤植物遮挡太阳辐射节能

爬墙植物如爬山虎、常青藤，可爬墙生长；攀藤植物如葡萄、牵牛花、紫藤、爆竹花、珊瑚藤等，可沿棚架攀缘而上；一些瓜类、豆类和中草药也可顺杆上爬。这些植物在炎热的夏天生长茂盛，正好用于遮挡太阳辐射，吸收太阳热量。到了冬天，这些植物落叶，又不会妨碍建筑物接受日照。在门前或窗前、阳台前搭设棚架，使攀藤植物在架上生长，可形成挡板式或水平式遮阳。这种方法遮阳效果很明显，在盛夏季节，外墙外表面温度可降低 4～5 ℃，室内气温及外墙内表面温度也可降低 1 ℃左右。种植爬墙植物和攀藤植物后，室内采光将有所减弱，风速将有所降低，湿度将稍有增加（图 6.57）。

图 6.57 利用爬墙植物和攀藤植物遮阳，节能

六、采用“地板采暖”节能

地板采暖技术在欧洲已有几十年的发展史，近十几年在国内也悄然兴起。地板采暖的散热位置在地板下，采用地板辐射加热采暖。由于地面均匀地辐射放热，故余温分布较均匀，空气对流明显减弱，与一般散热器对流式采暖相比，显然节能。地面温度均匀，室温自下而上逐渐递减，空气对流减弱，有较好的空气洁净度（图 6.58）。

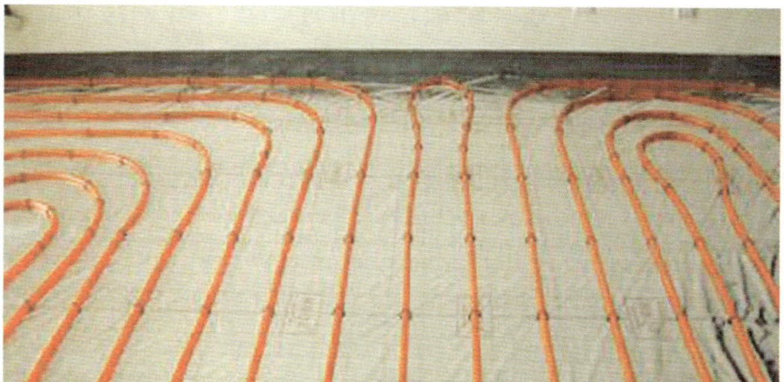

图 6.58 地板采暖，温度均匀，节能显著

第七章 低碳出行

第一节 绿色出行

一、多坐公交车出行

有轿车的公民响应国务院号召，每周少开一天车，骑自行车或步行代替驾车 100 km 可节油 9 L，或坐公交车代替自驾车出行 100 km，可省油 83%，按以上方式出行 100 km，减少汽油消耗 16.7 L，相应减排 CO_2 36.8 kg，全国 1 248 万台私家轿车，可节油 2.1 亿升，减排 CO_2 46 万吨。

二、拼车出行

邀约亲朋好友轮流拼车出行游览，可节约油费、电费，还能增进友情、亲情。

三、尽量少乘电梯

较低楼层 3 层以下改走楼梯，每台电梯每年可节电 5 000 度，减排 CO_2 4.8 吨，全国 60 万台电梯，每年节电（年）30 亿度，CO_2 每年减排 288 万吨。走楼梯上下一层楼能减少 0.218 kg 碳排放。

四、多用电动自行车（摩托车）出行

电动自行车（摩托车）出行比小汽车出行显著节能减排。采用如下操作方法可使电动自行车（摩托车）更节能减排。

（1）具有零启动功能的电动车，应在启动时先用脚踏骑行，到一定速度再使用电力加速，切忌原地加速。上坡、负重或顶风、逆风行驶时应以人力骑行相助，这样可以避免电池超大电流放电，提高一次充电行驶里程，也有利于延长电池寿命（图 7.1）。

图 7.1 电动自行车切忌原地加速

（2）电池充电必须用随车配套的专用充电器，输入插头插交流电插座，输出插头插电池盒，先插电池盒，后接通交流电，不可错位。充满电需 3～8 小时，多充 1～2 小时对电池更好。

（3）刹车时，电机的电流立即切断，应把加速手把还原，如果这时加速手把还在加速位置，电机将立即得到电流而前进，这样不利于安全，也增加耗电。因此，请务必养成加速完毕后即将手把推回原位的好习惯。

（4）每次使用电动自行车之前应检查：轮胎气压是否充足（气压充足可以降低轮胎与道路的摩擦阻力），车把转向是否可靠，刹车是否灵活有效，以确保行车安全；电池盒的插座、充电器的插头是否松动，电池盒是否锁好，喇叭及灯光按钮是否有效，以确保电路通畅。

第二节 低碳操作燃油小汽车

据统计，一辆燃油轿车每年排放出的有害废气（含有毒、有害、PM2.5、PM10 微粉尘颗粒物），比自身重量大 3 倍，它是污染空气之罪魁祸首。我国每年汽车尾气排放量大约在 1.2 亿吨，多么惊人的数字！长期呼吸这些有害气体，会引起呼吸道疾病，严重威胁人类健康。大量尾气还会威胁生态环境，增加温室效应。所以，小汽车出行节油非常重要，其节油方法有如下几种。

一、低碳选择小汽车

采用高质量、低污染、低油耗的小排量汽车节油。

二、正确选择使用轮胎节油

（1）目前市场上常见的汽车轮胎有子午线胎和斜交胎两种。与斜交胎相比，子午线胎具有以下优点：载荷能力大，安全性能好；耐磨性能好，行驶里程高；滚动阻力小，节省燃料；缓冲性能很好，乘坐舒适。选用这种轮胎，还能让汽车更节油（图 7.2）。

图 7.2 子午线胎节油更显著

（2）有人做过这样一个试验：当汽车的一个轮胎少打 40 千帕斯卡的气压，这个轮胎就会减少 1 万千米的使用寿命，而且令汽车的总耗油量增加

3%。轮胎气压不足可引起制动效果差，转向沉重，增大与地面的滚动阻力，因而会增加油耗，养成定时检查胎压的习惯。因此，只有保持正常的胎压，才是行之有效的节油方法。

（3）定期给汽车做四轮定位，既是为了节油，也是为了安全。让您的爱车始终保持车轮定位值正确，这样可以保证汽车驾驶操作的安全性、降低轮胎非正常磨损和节约燃油。新车驾驶 3 个月后，就应做四轮定位，每行驶 1 万千米，更换轮胎或减振器及发生碰撞后都应及时做四轮定位。

（4）定期检查驾驶盘和轮胎是否调准。车子旧了，轮胎和驾驶盘往往会失准，就会越来越耗油。

（5）夏季行车轮胎温度高，磨损严重，开车时易打滑，导致增加油耗。因此，轮胎应避免暴晒，停在通风、防晒的地方。

三、正确调整维护好制动系统节油

（1）良好的制动系统可以提高汽车行驶的安全性、平均速度和运输效率，如果汽车的制动系统（刹车）性能不好，就难以保证行车安全，同样也影响发动机燃油的消耗量。因此，正确地维护调整好制动系统，是安全节油的重要保障（图 7.3）。

图 7.3　维护调整好制动系统既安全又节油

（2）不要换空挡踩制动踏板，这样既危险又浪费燃油。正确的减速方法是逐级减挡。

四、正确选用润滑油节油

（1）用黏度最低的润滑油。汽车使用手册上应有说明汽车所能用的最低黏度润滑油。润滑油黏度越低，发动机就越“省力”，也就越省油。

（2）润滑油要定期定行程更换。

（3）使用多级机油为润滑油可明显节油。使用多级机油与使用同样黏度的单级机油相比，能节省2%～3%的燃油。

五、巧加油节油

（1）夏季气候太热时，应选择早上或晚上气温较低的时候加油，因为这时汽油的密度高、膨胀量小。加油后，油箱盖应锁紧以减少油料蒸发、保持油料清洁。

（2）加油不能加得太满，也不能加得太少，可究竟加多少比较合适呢？建议是：加油要记住两个百分比，一个是25%，另一个是80%。

25%，是指加油的时机。当油量在油箱剩余1/4时，就应该加油了。若在油箱快见底时才加油，则油箱底部所累积的杂质容易被抽入燃油系统，造成供油不畅的现象。且油箱太空时，容易存有空气，在日夜温差大时会形成冷凝水，混杂在油中，造成燃烧不良。

80%，是指加油的量。平时在市区跑短程时，没有必要将油箱加得满满当当的，以免增加车辆的负荷，造成多余耗油，所以加油加到油箱的80%就可以了。

六、正确选用油品标号节油

（1）别信汽油辛烷值越高越好的说法。如果你的车使用92号汽油已能满足正常使用的需要，不必加98号汽油，这并不会提高效率或动力。

（2）汽油标号只是标定汽油抗爆能力的参数，它只与发动机的压缩比有关，与汽油清洁度是否高和是否省油没有必然的联系，并不是汽油标号越高越好。因此，加什么油要遵循汽车使用说明书上的用油标准，应以汽车发动机压缩比与汽油抗爆能力相适应为准则。

（3）提倡使用清洁汽油。清洁汽油是一种新配方汽油，它既能为汽车提供有效的动力，又能减少有害气体的排放。它是以无铅汽油为基础，加入多效汽油清洁复合添加剂而生产的汽油。与普通无铅汽油相比，清洁汽油加入了多效复合添加剂，增强了清除各种沉积物的能力，从而提高了经济性，降低了排气污染。使用清洁汽油，除了能减少污染、清洁发动机部件、改善行驶性能、延长汽车的使用寿命外，还可以节油，因为燃油系统清洁，保证供油系能正常工作，供给发动机的燃料能完全燃烧，从而节省燃油，延长发电机使用寿命（图 7.4）。

图 7.4　尽量使用清洁汽油，既节油又减排

七、冬季节油方法

冬季气温低，故冬季开车要比其他季节费油。怎样做才能使冬季开车省油呢？

（1）热车还是很有必要的，特别是在冬天，更需要在行车前起动发动机预热一下，因为发动机在温度过低的情况下工作会降低工作效率，使油耗增加，严重的还会影响发动机使用寿命，而适时的热车，特别是冬季早晨冷，化油器式发动机起动后，必须要适当关闭阻风门怠速运转一会儿，否则就是强行起步也可能会熄火；冬季上路之前必须要热车，但如果热车太久，则会消耗过多的燃料，且对发动机也不好，因此，要缩短热车时间，每次热车以不超过 3 分钟为宜。边走边热车，既节约时间又节省了燃料，可谓一举两得（图 7.5）。

图 7.5　冬季必须热车，边走边热车，节时省油

（2）冬季行车，发动机在低温下尽可能做到一次起动成功。在冬季，气温在 5 ℃时，发动机冷起动一次，气缸的磨损相当于行驶 30～40 km 的磨损量；在－18 ℃冷起动一次发动机，气缸的磨损则相当于行驶 250 km 的磨损量。在发动机的整个寿命中，因起动所引起的气缸磨损，约占总磨损量的 50%～70%，而冬季冷起动，又占起动磨损量的60%～70%，所以，要求冷起动发动机时尽可能做到一次成功。这样，不仅对保护发动机有利，对节油也大有好处。

八、正确起步节油

（1）起步缓加油。据统计，急加油要多耗费一倍燃油。

（2）起步的要领是：挂低挡，缓缓踩下加速踏板，然后缓慢加速。当汽车达到一定挡位速度时，再逐步把挡位从低挡换到高挡。这样做的好处是减少发动机的升温时间，使汽车平稳行驶，避免轮胎过度磨损，从而达到节油的目的。

（3）起步时，离合器踏板的操作要遵循“一快、二慢、三联动”的要领，即在离合器踏板抬起开始时快；当离合器出现半联动时（此时发动机的声音有变化），踏板抬起的速度要稍慢；由联动到完全结合的过程，将踏板慢慢抬起，在离合器踏板抬起的同时，再根据发动机阻力的大小，逐渐踩下加速踏板，使汽车平稳起步。

（4）不要养成猛然起步、猛踩刹车、猛然给油、猛打方向等过于激烈的驾驶习惯，这不仅费油，而且对车有害。喜欢猛踩加速踏板、完全依赖制动系统来控制车速是非常不好的驾驶习惯，意味着能量的无谓消耗。在通过交叉路口、下坡时，都应提前抬起加速踏板，行驶中和前车应保持足够的跟车距离，这样既可以从容减速，又可以减少制动次数，减少耗油量。

（5）停车时，不要开动发动机。如果你需要在车上等待超过 5 分钟，应把发动机熄掉。既节油，又延长发动机寿命。

九、正确熄火停车节油

（1）汽车在大负荷长时间运转后，不能马上熄火。这是因为汽车经过爬坡或通过艰难路段时，发动机处在较大的负荷之中，温度很高。此时，停车不熄火虽然半分钟会多耗 10 mL 左右的汽油，但是却可以避免立即熄火后造成发动机的局部高温，使再次热起动困难，油耗增加。“浪费”了 10 mL 的燃油，却换来再次顺利热起动所节约的更多的油，这实际上就等于省下了一部分燃油。

（2）如果说如何熄火是一门艺术的话，那么如何停车也同样是一门艺术。这要求我们对停车地点有严格要求的，避免多次起动发动机增加油耗。

（3）如果是临时停车，应视停车时间长短决定是否熄火，一般需要停车在 1 分钟以上就应熄火，但也要视当时当地的气候等条件而定。

应避免把车停在积水、积雪、结冰、松软和上坡的路段上，以免造成起步困难，增加油耗。

在装卸货物地点、车场、路口、大门口等处停车，应避免影响其他车辆通行，否则多次使汽车起步挪车也会增加油耗。

十、正确操作小汽车节油

（1）保持汽车匀速行驶可以使燃油得到充分利用，而频繁改变车速或猛踩油门来加速则会大大增加耗油量。

（2）高速行驶中注意密封以减少风阻，当时速达到 90 km，开窗后因风阻产生的油耗比开空调时要多，因此高速行驶时开窗并不可取。

（3）经济时速最节油。

① 我国的高速公路限速是 110 km/小时，部分路段允许达到 120 km/小时。但很多人在高速公路上行驶时，都会超过这个速度，既不安全，又不经济。如别克 GS 型轿车在时速 70 km 时，油耗为 6.47 L/百千米；而时速达到

120 km 时，油耗则会上升到 9.46 L/百千米；如果达到其 200 km/小时的最高车速时，油耗还会大幅度上升。

② 汽车行驶过程中的燃油消耗，不仅取决于发动机的单位功率燃油消耗，还取决于汽车克服行驶阻力所需的功率。当车速低时，克服行驶阻力所需功率较小，但因发动机负荷率低而油耗上升，导致每百千米耗油量增加；当车速高时，发动机负荷率高而油耗比率下降，但车速提高使克服行驶阻力所需的功率增加很大，也会使每百千米耗油量增加，所以，汽车行驶速度较低和较高时，都会增加每百千米油耗量，只有在中间某一速度也就是经济时速时，每百千米油耗才最低。对一般轿车而言，最节油的经济时速是汽车核定的最高时速的 40%～60%，即 70～90 km 的时速是最省油的速度，每增加 1 km 的时速，会使耗油量增加 0.5%（图 7.6）。

图 7.6　经济时速 70～90 km 最节油

③ 汽车在每个挡位行驶时，都有一个对应的最低油耗车速，这就是各挡位的经济时速。如果用汽车的极限速度行驶，比一般的经济时速行驶要费油 0.5 倍左右，而最节油的经济时速，是汽车核定的最高时速的 40%～60%，比如最高时速为 168 km 的汽车，在最高挡位，时速为 90 km 左右时最节油。

④ 一般来说，轿车的经济时速在 70～90 km 之间。保持汽车的经济时速，可以使燃油得到充分利用，不仅可以节省汽油，还能延长汽车传动系统和制动系统的使用寿命。

（4）高挡低速节油多。

① 我们在驾驶过程中，使用“低挡高速”还是“高挡低速”更合适呢？肯定地说，高挡低速（但不是拖挡）更合适。为什么说“高挡低速”

更合适呢？虽然不同车型的油耗不尽相同，但有一个规律却是无法改变的，那就是无论什么车型，低挡都比高挡费油；如果车速保持在一定速度时，三挡长距离高速行车，比四挡正常行车油耗要增加 15%，而如果用二挡代替三挡行车，油耗还会增多。

② 对于家用轿车等小型汽车来说，在高速公路上行驶，当车速达到 100 km/小时以上时，就要将脚从加速踏板松抬一下，让你的爱车用最高挡运行，发动机的转速保持在 1 500 转/分钟左右，车速保持在 90 km/小时左右，这样的车速才是最科学，也是最节油的。

（5）换挡及时节油。

① 汽车用低速挡起步后，应尽快换入高速挡，这个过程要尽可能短些，不要不敢换挡，不要长时间在低、中速挡行驶。从节油的角度考虑，换挡的动作要准确、迅速、及时、不拖泥带水，要避免因动作过慢而使车速下降过多。

② 不要把加速踏板（油门）踩下幅度很大，使车速很高后再慢慢换下一个挡位，而应当在缓踩加速踏板（油门），使车速刚达到高一个挡位换挡车速的情况下迅速换挡。

③ 汽车在行驶过程中，当行驶阻力大于牵引力时，如果不及时减挡，发动机将被迫减速至不稳定工作状态，这种现象被称为“拖挡”。“拖挡”不仅费油，而且会加剧发动机的非正常磨损。如果不及时减挡，发动机会发出沉闷的声音，转速很不稳定，甚至出现熄火现象。这时，发动机功率急剧下降，油耗大幅增加。

④ 发动机转速必须达到规定转速后才能加挡，这是从保护发动机的角度考虑的。在不追求动力性的情况下，尽量不要在过低的转速下加挡。因为过低的转速虽然换挡容易，但很容易造成发动机工况变差和换挡后行驶费油。

⑤ 驾驶途中还要随时根据交通和路况准确地运用换挡，比如外出游玩碰见不断爬坡路段，这时就要注意适时换挡。换挡要快而及时，换挡的时间越短，汽车的动力性就发挥得越好，就越能节省燃料。换挡及时，并不意味着频繁换挡。频繁换挡只会带来车速时快时慢和油耗的增加。

⑥ 换挡时的正确操作：为使换挡平顺，减轻变速器换挡机构和离合器摩擦片的磨损，提倡使用“两脚离合器换挡法”。这种方法虽然操作较复

杂，却是开车节油省钱的好方法。

（6）滑行节油学问大。滑行，是指车辆靠惯性动能行驶一段距离。在滑行中发动机怠速运行，因此耗油很少。同是中速行驶，滑行与否油耗可相差30%左右。滑行可分为加速滑行、减速滑行、下坡滑行三类。

① 加速滑行。加速滑行须猛踩加速踏板加速，再利用汽车的惯性动能来滑行。这种滑行一般在平直、宽阔、距离较长的路段使用。在要求快速行车的高速公路上，汽车加速滑行的操作是不可行的。

② 减速滑行。减速滑行是预见性的滑行，当行驶到交叉路口遇红灯需等放行信号，前方交通拥挤不能顺利通过，道路不平需减速缓行，通过弯道、桥梁、涵洞等处需会车，回单位进大门减速慢行等都是事先可预见的，需提前挂低挡，以滑行代替制动缓慢通过，通过后再加速前进。

③ 下坡滑行。下坡滑行是利用坡道的势能驱动汽车前进，如运用恰当，在丘陵起伏的地区行驶，不但耗油不会高于平原地区，还有可能节约较多的燃油。下坡滑行的道路要求坡道小于5度、坡长超过100 m的直路，车速不宜太高，才可尝试挂挡滑行。道路交通安全法禁止熄火或者空挡下陡坡滑行。

从上面三种滑行方式可以看出，滑行不能随便采用。车辆滑行的安全节油方法是不熄火挂挡滑行，该方法既能保证行车安全，又能节约燃料，其燃料消耗比不熄火挂空挡滑行节约燃料75%。因此，应采纳不熄火挂挡滑行的安全节油操作方法（图7.7）。

图7.7 不熄火挂挡滑行比不熄火挂空挡滑行节约燃料75%

（7）无事不要踩离合器踏板。我们知道，离合器在汽车的正常行驶中，一直处在紧密接合状态。在开车时除汽车起步、换挡和低速制动需要踩下离合器踏板外，其他时间踩离合器踏板或把脚长时间地放在离合器踏板上，都容易造成离合器“打滑”、离合器摩擦片烧蚀等现象，严重时甚至使离合器压盘、飞轮烧蚀拉伤。

同时，还会导致费油，增加行车费用。因此，应特别强调，在驾驶过程中，只要换挡动作完成，左脚就必须离开离合器踏板，也就是说，除非有必要，无事不要踩离合器踏板。这既是为了节油，同时也是为了保护离合器不受损伤。

(8) 少动转向盘。有些驾驶员在汽车行驶过程中，喜欢不停地转动转向盘，但这样的习惯是不好的。何时转动转向盘，何时不应转动，都应根据道路交通状况而定。不停地转动，并不是行驶中的需要，这样做无疑会增加轮胎的滚动阻力，使实际行驶距离延长，导致燃料消耗量的增大。另外，有些车使用的是电子助力转向系统，具有休眠功能，所以在市区内堵车或者等红灯的时候，也不要乱动转向盘，以免“激活”休眠功能，增加燃油的消耗。

(9) 不要把小汽车当成储藏室，应尽可能清空行李箱，减少汽车负重。实践证明，10 kg 物品随车行驶 500 km 耗油约 200 mL。

十一、汽车空调节油

(1) 空调的节能。空调是汽车上的耗油“大户”。但如果为了节油，在高速行驶时采取关闭空调而打开车窗通风的办法，其实是不科学的，因为当车速高于 85 km/小时的时候，开窗后增加的风阻所耗燃油比空调系统消耗的燃油更多。

(2) 如果选择开窗开车，一定要同时把对应的两扇窗都打开。只开一扇窗，就等于让整部车变成了一个兜风罩，这会大大增加汽车的阻力，和开空调时一样费油。开空调的耗油量因不同车型、不同车况有所不同（图7.8）。

(3) 要想节油，除了在刚上车时打开车窗，把热气排出去后再开空调，避免空调短时间负荷过大，增加耗油量外，还要注意，快到目的地时，提前关闭空调，也可以达到节油的目的。

图 7.8 高速行驶时开窗比开空调耗油量更大

(4) 另外，除了少用空调，开空调也不要调到“最冷”或“最热”挡，只有挡位适中才更节油。

(5) 夏季，车辆在停放时，在前后挡风玻璃处放置遮阳板，可以防止阳光直射使车内温度升高，达到降温的目的。

(6) 车窗贴膜也可以防止车内的空气被日光加热，好的贴膜可以防止70%以上的光线（包括紫外线）进入。挡风玻璃贴膜除了可以防止阳光直射外，还有保护、保洁玻璃的作用。

(7) 改变汽车内饰颜色。如果您的汽车内饰是深色的，那么肯定比淡色的要费油。因为浅色可以降低热辐射的吸收，可以降低空调负荷，从而达到节油的目的。

十二、发动机正确维护节油

(1) 使燃料尽最大可能地充分燃烧，是节油的最佳途径，因为只有燃料充分燃烧，才能释放出最大能量，产生最大动力，减少积炭的产生，保护发动机部件，使车辆处于最佳技术状态工作，从而有效地节油。发动机是影响汽车性能的关键部位，如果发动机的技术状况不良，将导致发动机功率下降，造成大量燃油的浪费。因此，要想节油，平时一旦发现发动机工作异常，就要立刻排除异常或维修。

(2) 发动机的运转会产生大量热量，冷却系统的正常工作，可使发动机处于最佳工况。因此，在平时行车时，须注意观察发动机的水温表。由于车辆起步时水温低，容易导致燃油雾化不良，发动机不能正常工作，加之机油黏度较大，摩擦损失功率增加，都会增加油耗。为了节油，最好等发动机水温升到 40 ℃以上再起步。

(3) 发动机冷却液的工作温度，保持在 80～90 ℃之间较为适宜。混合气温度为 20 ℃时，汽油的蒸发率为 50%，而在 30 ℃时，蒸发率可达 75%。燃料蒸发性差，混合气雾化不好，油滴相对增多，会导致各气缸之间混合气不匀，造成部分缸混合气偏稀，不易燃烧或使火焰传播速度减慢，燃料不能完全参与燃烧，气缸内的平均有效压力降低，因而造成费油。

在发动机工作过程中，冷却介质带走的热量是相当多的，所以掌握好冷却液温度，减少不必要的热量损失，对汽车节油有着很重要的影响。发动机工作温度过高或过低，不但都会使燃料消耗量增加，而且都会导致发动机磨损增加，影响使用寿命。

(4) 正确维护蓄电池，可使发动机正常地起动并可节油，还能使蓄电池的寿命增长。检查维护蓄电池的工作也并不太难，一至两个月检查一次即可。对于那些免维护蓄电池（电瓶），只需打开蓄电池盖，检查“电眼”的颜色是否正常即可，如果为绿色则正常，如果是黑色或无色，则表明需要更换或修理；如果是非免维护的蓄电池，检查时要用热水清洁蓄电池外表，小心地将蓄电池盖打开，观察蓄电池内电解液的高度是否充足。如果高度不足，可添加蒸馏水至适当的高度（图 7.9）。

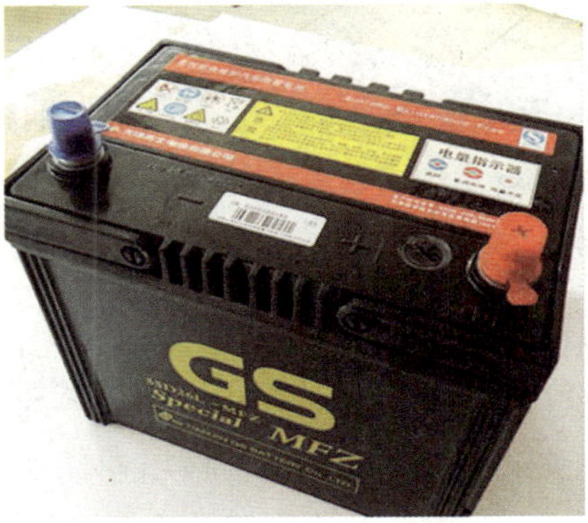

图 7.9 正确维护蓄电池节油

另外，每隔一年左右，要检查一下蓄电池的正负端接柱有无生锈或不干净的现象。如果有，要及时将之清除干净，并重新紧固。

（5）当排气系统出现泄漏现象时，发动机排气的噪声会增加，废气排放容易超标。因此，维护时应检查排气系统泄漏情况，发现泄漏应及时修理或更换引起泄漏的部件。

在每天首次起动发动机快速暖机（发动机自动以稍高的速度运转）时，应察看排气管口是否有水滴和蓝色或黑色烟雾排出。若是夏季也有大量水滴排出就应检查冷却系统是否漏水；若有大量蓝色烟雾排出，应检查发动机烧机油的故障并排除；若有大量黑色烟雾排出，应检查发动机燃烧不完全故障并及时排除。这些故障都会造成发动机损坏，使燃油消耗增加。

十三、常洗车和给车身打蜡节油

在条件允许的情况下，定期洗车并给车身打蜡，不仅能帮助爱车抵抗恶劣天气，达到防尘防锈的目的，还有助于降低油耗（图 7.10）。

图 7.10 常洗车和给车身打蜡节油

十四、三滤节油

节油，要从“三滤”入手，即机油滤清器、汽油滤清器和空气滤清器，简称“机滤”“汽滤”和“空滤”。这“三滤”的职责是过滤油液和空气，防止其中的杂质进入发动机造成磨损或引起润滑油道的堵塞，提高发动机的工作效率。“三滤”变脏、堵塞后，会堵塞油路和进气通道，阻碍正常进气，导致燃油燃烧不充分，直接的后果就是发动机动力降低，油耗增加。

因此，定期清洁和更换“三滤”，对于节油是十分必要的。

第三节 低碳操作电动小汽车

电动小汽车比燃油小汽车显著低碳节能，是家用小汽车的最佳选择，如何操作最节电？

一、保持良好驾驶习惯。我们要保持良好的驾驶习惯，尽可能防止激烈驾驶，缩短加速和急刹车，加速和减速情况较少的匀速驾驶均可延长电动小汽车的续航里程。同时降低电耗，60～80 km/小时经济速度驾驶节电显著。

二、假如我们不赶时间，可以考虑选择 Eco（节电）驾驶模式，这种模式下的电动小汽车，电耗最低。

三、轻装上路。车辆越重，电耗一般越高。因此，不要在后备箱内放置多余的物品，也要避免在车顶装载不使用的物品，包括车顶行李架。

四、关注轮胎。胎压太高或太低，都会造成不必要的电耗，甚至对行车安全也有影响。我们要时刻关注胎压情况，假如胎压出现异常，记得及时处理。

五、积极使用驾辅功能。在合适的道路上，我们可以开启车辆的智能驾辅功能，比如在高速路上，我们就可以开启全速自适应续航，也有助于降低车辆电耗。

六、选择出行时间。一般情况下，雨雪天会比晴天出行更费电。假如有条件的话，我们尽量选择晴天出行。

七、合理使用空调。冷/暖空调的使用都会增加电耗，冬天可以适当关闭空调＋降低设定温度＋配合座椅加热和方向盘加热，夏天我们则可以适当提高设定温度＋提高风量，以减少电耗。

八、根据路况调整动能回收系统强度。我们需要根据路况调整动能回收系统强度，比如畅通路段应将系统完全关闭或调至最低挡位，这不仅更节电，也能让车辆行驶得比较平顺；而在拥堵路况下可以增加动能回收系统强度，提高能耗效率。

九、本章“第二节低碳操作燃油小汽车”中很多操作方法也适用于电动小汽车，如“正确选择使用轮胎”“正确调整维护好制动系统”“正确选用润滑油”“正确维护蓄电池”“常洗车和给车身打蜡”等。

第八章　低碳常识

第一节　少用或不用一次性用品

联合国指出：塑料垃圾污染是全球公认的主要环境问题之一，所以国民应自觉少用、不用塑料制品。

表 8.1　一次性用品碳排放表

种类	节能减排内容	一年节标煤或油	一人一年减排 CO_2	全国行动减排 CO_2
塑料袋	少用一个塑料袋（用布袋等法替代）	节标煤 0.04 g	0.1 g	全国 10 亿人每年每人少用 100 个塑料袋，减排 1 万吨
卫生纸	用手帕代替卫生纸，每人每年省纸 0.17 kg	节标煤 0.2 g	0.57 g	全国 10 亿人每年减排 0.057 万吨
一次性筷子	不用或少用一次性筷子，每人每年少用 10 双一次性筷子	节标煤 0.08 g	0.2 g	全国 10 亿人每年减排 0.02 万吨
信函	用电子邮件替代纸质信函	节标煤 21 g	一封电子邮件代替一封纸质信函减排 52.6 g	全国 10 亿人减排 5.26 万吨
再生纸	用再生纸代替原木纸	节标煤 1.8 g	4.7 g	全国 10 亿张再生纸减排 0.47 万吨

1. 少用一个塑料袋，减少 0.1 g 碳排放。

用布袋取代塑料袋买东西，少生产一个塑料袋虽只节约 0.04 g 煤，减排 CO_2 0.1 g，但目前塑料袋用量极大，若全年减少 10%的塑料袋用量，一年就可节约 1.2 万吨煤，减排 CO_2 3.1 万吨（图 8.1）。

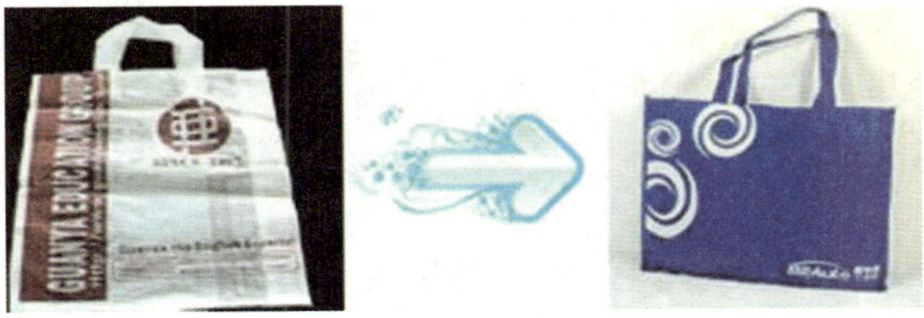

图 8.1　用布袋取代塑料袋

2. 减少使用或不用一次性用品

一次性用品指一次性筷子、一次性饭盒、一次性塑料袋等，若国人每人每年少用 10 双一次性筷子，则一人一年可减排二氧化碳 0.2 kg，全国一亿人一年减排将可达两万吨，不仅少砍伐大量树木，而且将减轻温室效应，改善恶劣气候（图 8.2）。

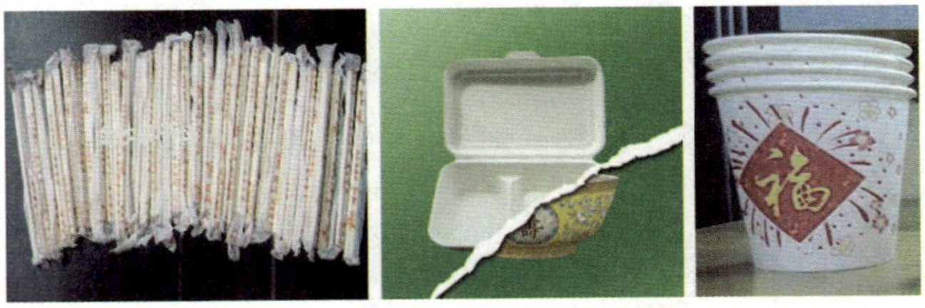

图 8.2　减少使用或不用一次性用品

3. 少购或不购过度包装食品

调查发现，某市面上出售的小罐茶茶叶封装在铝材小罐里，每个小罐又被泡沫材料内衬隔开，泡沫材料上还包裹着一层绒布，全部挤在精美的硬纸盒中，购买时外面还套个手提袋。最让人费解的是：这种每罐只有 4 克、总共不到一两的小罐茶，竟有如此复杂而缺乏再利用价值的外包装。大多数豪华包装中看不中用，最终只能扔掉，既浪费资源又污染环境。

4. 合理使用纸张

(1) 用手帕替代卫生纸，每人每年可省纸 0.17 kg，节约 0.2 吨煤，减排 CO_2 近 0.57 kg。

（2）重复利用教科书。

（3）纸张双面打印复印。

（4）用电子书刊代替纸质书刊。用电子邮件代替纸质信函。据计算，用1封电子邮件代替1封纸质信函，相应减排CO_2约52.6 g。

（5）使用再生纸。以原木为原料生产1吨纸，比生产1吨再生纸多耗能40%。使用一张再生纸可节能约1.8 g标准煤，相应减排CO_2约4.7 g。

第二节　废旧物利用

比尔·盖茨说得好，“世界上根本没有垃圾，只有放错了地方的资源。”垃圾成为现代人最头痛的问题之一，而每一个人都是垃圾制造者。其实垃圾本身是一座“金矿”，最好的处理办法是进行垃圾分类和分类处理，这样做的好处，一是方便垃圾处理，减少处理过程中的碳排放；二是方便垃圾回收，有利于废物的循环利用，节约了宝贵资源，也大大减少了碳排放。充分回收利用可回收物，变废为宝。

如纸张、塑料、橡胶、玻璃、瓶罐、金属以及废旧家用电器等都可以从垃圾中分离出来利用，变废为宝。如1吨废纸可再生新纸0.8吨，相当于少砍伐树龄为30年的树木20棵；1吨厨余垃圾经生物处理后可生产0.3吨优质有机肥。1吨废塑料回收可产0.5吨柴油，1吨易拉罐回收熔化可生成1吨铝块，可少采20吨铝矿。我国面临电子垃圾爆发期，年平均报废电冰箱400万台，电视机500万台，洗衣机600万台，电脑500万台，手机近千万只，有大量的金属材料可回收使用。我们生活垃圾中70%可回收利用，分得越细，利用价值越高。节能减排降霾就更显著，温室效应降低就越多。

第三节 易做到的几个低碳事

1. 低碳扫墓

低碳扫墓，扫墓时不放鞭炮，不烧纸钱，用献花等低碳方式，寄托哀思。

2. 低碳“婚丧喜庆”

低碳“婚丧喜庆”，不搞一掷千金、车队如龙的“气派场面”，提倡自行车和公交车婚丧喜庆。

3. 少消费多分享

少消费多分享，简单生活，这是一个减少温室气体的老办法。去熟悉你的邻居，借来你要的东西，借出人家需要的东西，开辟跳蚤市场，把“压箱底”的生活用品、书籍等摆摊出售或相互交换，变废为宝，实现资源充分利用，可大大减少 CO_2 排放。也可将交易后多余的闲置物品捐赠给贫困人群。

4. 不养、少养、改养宠物

不养、少养、改养小型宠物，因为：① 宠物特别是大型宠物会排出大量的二氧化碳和甲烷。② 宠物要吃掉大量吸收二氧化碳、放出氧气的植物，特别是要吃掉大量动物性食品。③ 宠物的粪便、毛发污染家居和公共环境。④ 宠物会引发多种疾病，有可能威胁家人和他人的安全。不养、少养宠物可以减少排碳。如果一定想养宠物，建议养小型宠物，这样也可以节能减排，更好地保护我们的地球。

5. 低碳健身

许多人用健身器材室内健身代替了户外健身，健身器材大多需要电力驱动，相应产生二氧化碳排放。例如，跑步机使用一小时平均产生的二氧化碳排放量约为 1.8 kg。对此，应尽量选择低能耗、低排放的健身方式，例如选择慢走、跳舞、打拳、郊游等健身方式。

6. 参与“地球一小时”活动

“地球一小时”活动，是世界自然基金会应对全球气候变化提出的一项倡议，在每年3月最后一个星期六晚8：30—9：30熄灯一小时，全球绝大部分城市已响应。

第四节 碳补偿（植树造林）

在过低碳生活的同时，还要大力推进碳补偿（碳中和），如植树造林。树木不仅能美化环境，更能净化环境。它们利用光合作用吸收CO_2制造氧气，因此植树造林是碳补偿的最好办法。植物释放出的氧要比吸入的氧大20倍，一棵树平均一年可吸收CO_2 18.3 kg。植树造林也是治霾的最好办法：一亩森林可吸附粉尘4.2吨，其中包含相当多的PM2.5。植物叶片通过气孔吸收二氧化硫、氯、氟等污染物和重金属，是天然的空气过滤器。全国3.9亿户家庭，每个家庭每年栽1棵树，每年可多吸收734万吨CO_2。植树造林不仅可吸收CO_2，是一种碳中和的方式，而且能保护植被、净化空气、涵养水源，正如瑶族同胞的一句俗语：寸木斗水丈地湿（图8.3）。

图8.3 植树造林

国际能源机构测算，用木材代替钢结构，可减少能耗2/3，代替钢筋混凝土结构可减少能耗7/8，代替水泥、砖等材料，1 m^3木材可减排0.8吨二氧化碳。

我国是木材消耗大国，供需矛盾日益突出。目前我国每年进口原木、林产品折合木材总量达到1.55亿m^3，并且这个数字还在进一步加大，但各国对森林资源利用控制越来越严格，森林问题已不只是一个经济问题，还是一个重大的国际政治问题，因此，过分依赖进口既靠不住也不现实。科学研究表明，毛竹林不但具有很高的经济价值，其固碳能力也远超普通林木。1公顷普通毛竹林的年固碳量为5.09吨，是杉木林的1.46倍，是热带雨林的1.33倍；1公顷集约化经营的毛竹林年固碳能力可提高至12.75吨，相当于吸收二氧化碳46.75吨，可抵消17个人一年的二氧化碳排放量。竹子根系发达，四季常青、固土涵水效果好；竹子的生长速度很快，某些品种的竹子一天能长0.3 m，甚至更多。所以，为了实现低碳目标，应该多种竹子。

林业生物质能源是仅次于煤炭、石油、天然气的第四大战略能源且具有可再生、可降解之特点。

综上，植树造林，节能减排降霾，净化空气，涵养水源，调节气候，善莫大焉。

编后语

——人类生存不容谈判，全球携手拯救地球

看过2009年电影票房冠军《2012》后想必还让很多人意犹未尽。电影中宏大的灾难场面，一幕幕惊险的特技镜头，扣人心弦的故事情节令很多观众赞叹不已。娱乐之余，人们不禁开始思考：地球真的会毁灭吗？世界末日真的会到来吗？

记得更早之前还有一部与《2012》类似的美国灾难片《后天》，描述的是由于气候变化无常，暴风雷雨交加，美国沿海地区城市被海水淹没，之后又出现极度的低温严寒，令涌进城市的海水全部结冰。民众死的死，逃的逃，被困的被困…

《2012》和《后天》都由同一个导演执导，《2012》也被称为《后天》的升级版。《后天》中灾难主要发生在美国地区，而《2012》是发生在全世界。两部影片的共同点，那就是片中的一幕幕灾难场面是那么逼真，与近些年在我们周围发生的自然灾害有着那么多的类似之处。莫非这一天真的会到来？答案是：如果我们不注意保护身边赖以生存的自然环境，《2012》中所说的玛雅预言也许在不久的将来就会应验。

人类要想拯救地球，改善自己的生存环境，首先就得从低碳生活开始。低碳生活连着你、我、他，节能减排靠大家。从我做起，从小事做起，从家庭做起，从身边做起，只要你有节能环保意识，你就一定能做好。全国人民、世界人民都这样做，我们地球的温室效应一定能够改善，雾霾和酸雨现象也一定能减轻。人类生存不容谈判，全球携手拯救地球。

参考文献

[1] 柳树林．实用家庭节能妙招［M］．长沙：湖南科学技术出版社，2010．

[2] 罗勇．看气候说低碳［M］．北京：北京出版社，2010．

[3] 徐帮学．低碳生活：为了我们的地球家园［M］．天津：天津人民出版社，2012．

[4] 李祥文．雾霾防护手册［M］．北京：电子工业出版社，2015．

[5] 张广济，曲海峰．低碳炫生活［M］．北京：农村读物出版社，2011．

[6] 张文艺，赵兴青，毛林强，等．环境保护概论（修订版）［M］．北京：清华大学出版社，2017．

[7] 钮琦璧．城市环境安全和防护［M］．上海：上海科学技术出版社，2017．

[8] 北京中工干教职业教育研究中心．节能减排工作·低碳环保生活［M］．北京：中国言实出版社，2011．

[9] 中央电视台《中国财经推导》栏目组．全球碳博弈［M］．北京：机械工业出版社，2011 年．

[10] 陈迎，巢清尘，等．碳达峰、碳中和 100 问［M］．北京：人民日报出版社，2021．

[11] 杨建初，刘亚迪，刘玉莉．碳达峰、碳中和知识解读［M］．北京：中信出版社，2021．

图书在版编目（CIP）数据

应对恶劣气候 倡导低碳生活 / 柳树林，柳刚，李博文编著．-- 湘潭 ：湘潭大学出版社，2023.1
ISBN 978-7-5687-1230-9

Ⅰ．①应… Ⅱ．①柳… ②柳… ③李… Ⅲ．①异常天气－普及读物②节能－普及读物 Ⅳ．① P44-49
② TK01-49

中国国家版本馆 CIP 数据核字（2023）第 162140 号

应对恶劣气候 倡导低碳生活

YINGDUI ELIE QIHOU CHANGDAO DITAN SHENGHUO

柳树林 柳刚 李博文 编著

责任编辑：丁立松
封面设计：张丽莉
出版发行：湘潭大学出版社
社　　址：湖南省湘潭大学工程训练大楼
电　　话：0731-58298960 0731-58298966（传真）
邮　　编：411105
网　　址：http://press.xtu.edu.cn/
印　　刷：长沙鸿发印务实业有限公司
经　　销：湖南省新华书店
开　　本：710 mm×1000 mm 1/16
印　　张：10
字　　数：180 千字
版　　次：2023 年 1 月第 1 版
印　　次：2023 年 1 月第 1 次印刷
书　　号：ISBN 978-7-5687-1230-9
定　　价：58.00 元